트리플 위닝(Triple Winning)으로 가는 자산관리

박 규 배

서울경제경영

| 저자소개 |

박 규 배

서울대학교 법과대학 공법학과를 졸업하고 핀란드 ALTO대학교에서 석사, 서울과학종합대학원대학교(aSSIST)에서 박사 학위를 받았다. 2017년 1월까지 26년 동안 한국장기신용은행 및 KB국민은행에서 인재개발원 교수, PB센터장 등을 역임하였다. 조선일보, 한국경제신문, 주간매경 등 각종 신문과 잡지의 필자로 활동하였고 한국금융연수원, 한국생산성본부, 경찰대학, 에듀스탁 등에서 금융회사 직원, 공직자, 일반인 등을 대상으로 효율적인 자산관리, 은퇴설계 등을 주제로 강의하였다. 본격적인 저금리, 고령화시대를 맞아 안정적인 노후대책 마련을 위한 개인별 맞춤형 자산관리 자문에 관심이 많으며, 서울과학종합대학원대학교의 겸임교수로도 활동하고 있다. 지은 책으로는 IMF재테크(공저), 간접투자상품판매(공저)가 있다.

본 도서는 서울과학종합대학원대학교 박사학위논문을 바탕으로 재편집된 것입니다.

들어가는 글

세상은 늘 변한다. 자연의 물리적 변화의 속도는 나름대로 일정하지만 우리가 느끼는 기술적, 문화적, 심리적 변화에는 가속도가 붙는다. 지난 50여년 가량만 돌이켜 보더라도 우리 시대 장년층이 경험한 변화의 정도는 아마도 신라시대부터 조선시대 후기까지 1천여 년에 걸쳐 우리 선조들이 겪은 변화보다 훨씬 컸을 것이다. 변화의 수준으로만 보면 1천년을 살아온 것이나 다름없겠다. 이제 로봇기술, 나노기술, 바이오산업에서부터 빅 데이터, 인공지능, 사물인터넷 등으로 이어지는 4차 산업혁명의 시대로 본격 진입하게 되면 우리가 겪을 변화의 폭과 깊이, 속도는 정말 가늠하기 어려울 것이다.

이와 같은 글로벌 혁명대열에서 뒤쳐지지 않고 어떻게 선두대열에 나설 수 있을 것인가로 심혈을 다해 고민하고 연구해도 쉽지 않은 상황 속에서 국민의 후생증진이란 관점에서 볼 때 우리 내부적으로도 해결되어야할 과제들이 산적해 있다. 일본은 우리에게 여러 가지 면에서 반면교사의 역할을 하고 있는데 흔히 '잃어버린 10년~20년'이라고 일컫는 1990년대 이후 일본의 모습이 현재 우리가 경험하고 있는 저금리, 저성장, 고령화라는 핵심적인 이슈들과 오버랩 되고 있다.

일본이 앞서 경험한 것과 마찬가지로 우리나라도 이제는 1960~1980년대처럼 만성적으로 자금에 대한 수요가 초과되었던 시기와 달리 경제성장률이 떨어지고 GDP의 큰 축을 담당하는 소비와 투자 수요에 대한 성장률이 둔화되면서 '돈의 값'에 해당하는 금리가 지속적으로 낮은 기조를 유지하고 있다.

물론 이것은 지난 2008년 금융위기 타개를 위한 글로벌 양적완화 등의 여파에 따른 현상이기도 하겠지만 예전에는 정상이었던 것이 이제는 비정상이 되고 비정상적이었던 것이 정상이 되어 가는 '뉴 노멀'은 국내외적 환경변화의 총체적 결합이 만들어낸 결과물이라고 봐야 할 것이다.

불과 수십 년 전까지만 하더라도 6~7% 이상의 연평균 경제성장률은 우리에게 도달하기 어렵지 않은 수치였으나 최근에는 2~3%대 성장도 그리 만만치 않은 상황이 되어가고 있다.

제조업, 서비스업을 막론하고 자동화, 로봇화가 진전되면서 청년 및 베이비붐 세대 은퇴자들의 고용부진 등의 문제는 구조적으로 명쾌하게 해소되기 어려운 국면으로 전개되고 있다.

더욱이 정보통신기술(ICT)의 진전은 단순히 경제성장률이 좋아진다고 해서 일자리 창출의 청신호로 받아들일 수도 없게 되어 가고 있다.

제조업은 물론 다양한 서비스업종에서도 로봇이 사람의 일을 빠르게 대체해 가면서 전 산업영역에서의 로봇화는 이제 추세적인 변화이기에 최근 자주 거론되는 로봇세의 도입도 머지않아 현실화될 가능성이 충분해 보인다.

고용의 질과 양 모두에서 바람직한 모습을 보이며 세계적인 중견 강소기업들이 즐비한 독일과 달리 대기업의 경제적 비중이 매우 높은 우리나라의 경우 대기업들이 인력 운용의 효율성이 상대적으로 양호하고 투자대비 사내유보금 축적도 높아 그동안 하나의 믿음으로 작용했던 낙수효과(trickle down effect, 대기업들의 성장과 고용창출의 효과가 중소기업으로도 자연스럽게 전이되는 현상)도 이제는 기대하기 어려운 형편이다.

특히 경제성장의 가장 큰 축인 소비는 탄탄한 중산층에 의해 뒷받침되지 않으면 안 되기 때문에 가처분소득 제고를 위한 고용절벽 문제의 완화는 국가의 최우선 정책 중 하나가 되어야 할 뿐 아니라 많은 국민들의 삶에 직결되는 중차대한 이슈일 수밖에 없다.

한편 우리나라는 2017년에 65세이상 인구가 전체 국민의 14%가 넘는 고령사회로의 진입이 예상되고 있으며, 세계보건기구(WHO)에 따르면 2030년이 되면 우리나라 남녀의 기대수명이 각각 약 90세 및 84세로 모두 세계1위가 될 것으로 예상하고 있다.

우리를 둘러싼 이러한 환경, 즉 글로벌 저성장과 제4차 산업혁명에 따른 일자리 감소, 양극화 확대 및 중산층의 약화 추세, 저금리로 인한 기대투자수익률 저하, 고령화와 장기생존 위험을 극복할 만한 확실한 대안의 부재 등은 보유자산 규모의 크고 작음을 떠나 우리가 행복을 위한 도구로서의 '자산'을 좀 더 효율적으로 관리해야할 이유가 되고 있다.

부자에게든 그렇지 못한 사람에게든 정도의 차이는 있을지언정 소중하지 않은 자산은 없다.

자산은 부동산의 형태이든 금융의 형태로 존재하든 개인의 욕구 충족을 위한 수단이라는 관점에서 볼 때 환경의 변화에 발맞추어 이제는 근본적인 사고의 전환이 필요해 보인다.

거의 대부분의 산업부문에서 초과수요 상태였던 외환위기 이전 1970~1990년대 고금리, 고성장의 시기에는 부동산이든 주식이든 예금이든 특별한 상황이 발생하지 않는 한 자산을 보유하기만 하면 빠른 속도로 부를 축적할 수 있었다.

연속적인 은행 차입이나 전세보증금 등 레버리지를 활용하여 과도한 자본이득을 추구함으로써 큰 부를 형성한 사람들이 많았지만 모든 것이 바뀐 지금은 그런 환경을 다시 맞이할 수 있으리라고 생각하는 사람은 거의 없을 것이다.

물론 세밀하게 접근하자면 부동산이나 주식 등 주요 자산의 가격 상승으로 인한 자본이득의 가능성도 여전히 존재하겠지만 앞으로는 현금흐름을 중시하는 자산관리방식으로의 접근이 더욱 필요해 보인다.

인적자산이 가져다주는 근로소득 또는 사업소득, 부동산으로부터 창출되는 임대소득, 주식의 배당소득, 연금자산으로부터의 연금소득 등 현금흐름을 유발하는 수단들을 어떻게 확장하고 지속할 것인가를 자산관리의 중심적인 이슈로 삼는 것이 바람직하다.

나이, 직장, 혼인여부, 기존 보유자산 규모 등에 따라 개인차가 크겠지만 안정적인 고소득 직종을 선호한다든지, 역세권의 상가에 투자하거나 고배당성향을 가진 주식을 매입하는 것이라든지, 국민·개인·퇴직·주택연금 등의 연금자산을 중층적으로 보유하고자 하는 욕구들도 모두 이런 현상을 반영한 것이다.

익히 아는 바와 같이 우리나라는 복지선진국인 북유럽 국가들과 비교할 때 노후연금에 대한 국가적인 보장수준이 미흡한 편이며, 급격한 출산율 저하와 인구고령화에 따라 장기 재정 건전화를 위해 국민연금의 경우 보험료 상승과 지급시기 연장을 몇 차례 단행한 경험도 있다.

안정적인 생활이 가능하기 위해서는 녹록치 않은 자산관리 환경 속에서 개인별로 자신의 상황에 맞는 추가적인 준비가 필요하다.

한편, 개인 뿐 아니라 자산관리의 또 다른 한 축인 금융회사들 역시 기회와 위험이라는 생존의 갈림길을 동시에 맞이하고 있다.

물론 이들도 고객과 마찬가지의 환경을 배경으로 하고 있기 때문에 해법 역시 그 연장선상에서 찾아야 하며, 그런 면에서 개인을 중심으로 한 고객과 금융회사들은 동전의 양면과 같이 공동운명체가 되어야 할 것이다.

저금리에 따른 낮은 마진율과 수익의 원천을 추가적으로 발굴하기 힘든 치열한 경쟁 속에서 생존을 염려해야 하는 금융회사들은 현실적으로 자산관리 영역에 관심을 기울일 수밖에 없을 것이다.

그리고 누가 어떻게 자산관리 서비스를 차별화하고 고객들과 장기적으로 신뢰관계를 쌓아갈 것인가가 승부의 관건이 될 것으로 생각된다.

그런 점에서 예컨대 손실을 경험한 펀드투자자들에게도 일정한 요율에 따라 예외 없이 수수료를 부과하는 방식에서 벗어나려는 시도, 즉 최근 일부 자산운용사가 공모펀드의 수수료체계를 어느 정도 성과실적에 연동하여 적용하려는 태도는 고객의 관점을 중시하고 있다는 점에서 고무적이다.

만약 자산관리시장을 놓고 주요 고객인 개인과 서비스업자인 금융회사 및 소속 직원들이 각자의 역할을 잘 수행하여 보다 나은 결과를 이루어낼 수 있다면 국민복지의 최종 책무를 지닌 국가의 입장에서도 상당한 부담을 해소하는 계기가 될 것이다.

이 책에서는 올바른 자산관리 문화를 정착시키고 바람직한 결과를 얻기 위해 자산관리의 핵심주체인 고객과 금융회사, 소속직원 각자가 기본적으로 어떠한 태도를 가지고 역할을 수행하는 것이 바람직할 것인지에 대해 논의해 보고자 하였다.

이를 통해 지금까지보다 체계적이며 가치 중심적인 자산관리 시장이 형성될 수 있다면 이해관계자 모두에게도 만족스러울 뿐 아니라 이 작업 자체도 매우 보람되고 의미 있는 일이 될 것이다.

한편으로 금융영역 자체가 고도의 공공성을 지닌 규제산업의 하나인 것은 분명하지만 정부 역시 자산관리 산업이 유망 성장분야로 자리 잡을 수 있도록 국민의 전반적인 경제현상에 대한 이해를 제고하고 금융지식과 금융환경을 선진화하는데 중추적인 역할을 수행할 필요성이 제기되고 있다.

목 차

Chapter

01 왜 지금 자산관리인가?

1. 혼돈의 시대, 든든한 여정을 위하여

1997년 국제통화기금(IMF)에 대한 구제금융 요청은 한국의 경제지형을 송두리째 바꾼 대변혁이었다. 지원조건 충족을 위해 이른바 국제표준(Global Standard)에 맞추어 나가는 과정에서 많은 기업과 부동산이 헐값에 해외로 매각되었고, 다수의 재벌그룹이 해체되거나 개혁되었다. 해고 규제가 완화되면서 대량 실업이 발생하였고, 연봉제가 도입되었으며 비정규직 근로자가 양산되었다. 그러나 IMF 관리체계는 당초 외환 보유고 부족문제에서 시작되었을 뿐 당시 글로벌 경제상황은 양호했기 때문에 '전 국민 금 모으기 운동' 등으로 환란을 조기에 극복할 수 있었으며, 기업구조조정 등을 거치면서 여러 산업 부문에서 글로벌 경쟁력을 높이는 기회로도 작용하였다.

이와는 달리 모기지(Mortgage) 파생상품의 확대 재생산에서 촉발된 2008년의 미국발 금융위기는 전 세계 경제에 막대한 부담을 초래했다. 그 여파로 단행된 각국의 연속적인 금리인하 및 양적완화를 바탕으로 저금리·저성장 현상이 일상화 되고 있으며, 우리나라에서도 이들이 급격한 고령화 추세와 함께 사회적 환경을 변화시켜 가고 있다. 자산관리 이슈와 관련해서도 저금리·저성장·고령화는 이제 뉴 노멀(New Normal)로 자리 잡아 가고 있으며, 이런 환경에서 각 경제주체가 앞으로 어떻게 대처해 나가느냐 하는 것은 중장기적인 사후결과에도 큰 영향을 미칠 것으로 보인다.

우선, 좁은 국토면적 대비 높은 인구밀도와 지난 수 십년 간의 주목할 만한 경제성장률을 배경으로 개인 자산 축적의 핵심수단이었던 부동산 시장도 이제는 유형별로 온도가 다르고 지역에 따라 가격, 선호도 등에서 차별화가 이루어지고 있다. 높아지는 주택보급률에도 불구하고 전세금이 가파르게 오르고 임대차 위주의 주거 비중이 점증하고 있는 현상은 예컨대 서울 강남의 재건축 아파트 등 일부 예외적인 경우를 제외하고는 앞으로 주택가격이 크게 상승하기는 어려울 것이라는 전망에 힘을 실어 주고 있다. 상업용 건물 역시 저성장 국면을 반영하여 평균적으로 임대요율이 낮아지고 공실률이 높아지는 등 한계를 보이고 있다. 저금리 차입 환경과 부동산 시장이 경제에서 차지하는 높은 비중을 고려한 정부의 정책대응 등에 힘입어 부동산 가격은 지지되고 있으나 여전히 불안정한 국면에 놓여 있는 것으로 판단된다. 이런 추세를 감안하여 부동산에 주력했던 많은 투자자들이 이제 자본이득(Capital Gain) 위주인 자산축적 방식의 한계를 인식하고 안정적인 현금흐름을 창출하고자 이자 및 배당수입(Income Gain) 중심의 투자패턴에 주목하고 있다. 특히 단위당 투자규모가 큰 부동산을 주로 보유 중인 한국의 부자들이 최근 5년간 총자산 중 부동산자산 비중을 줄이고 금융자산 비중을 늘리고 있는 것도 부동산 시장에 대해 보수화된 입장을 반영하는 것으로 해석된다.(2016, KB금융지주경영연구소 한국부자보고서)

이런 환경변화의 연장선에서 볼 때 최근 일부에서는 노후대비를 위한 자산관리 패러다임 전환의 중요성을 강조하기 위해 New Abnormal이라는 용어를 사용하기까지 한다. 2008년 글로벌 금융위기 이후 도래한 저금리, 저성장, 저물가의 시대를 명명하기 위한 용어가 New Normal이었다면 New Normal 이후의 높아진 불확실성과 위험으로 인해 제반 사회현상을 기존의 사고와 이론으로는 예측이 불가능하다는 의미에서 이런 신조어가 등장하는 것이다. 금융이든 부동산이든 시장의 높은 변동성과 불확실성은 노후 준비에 큰 고민이 되고 있다. 이것은 비단 노후 생활을 시작했거나 임박해 있는 중장년층에게만 해당되는 얘기가 아니라 30~40대의 젊은 층에게도 마찬가지이다. 고성장, 고금리 시대를 살아온 세대에게는 묵묵히 일하고 열심히 저축하는 것만으로도 노후준비가 가능했으나 이제는 새로운 관점과 가치관으로 접근하지 않으면 곤란하게 되었다.

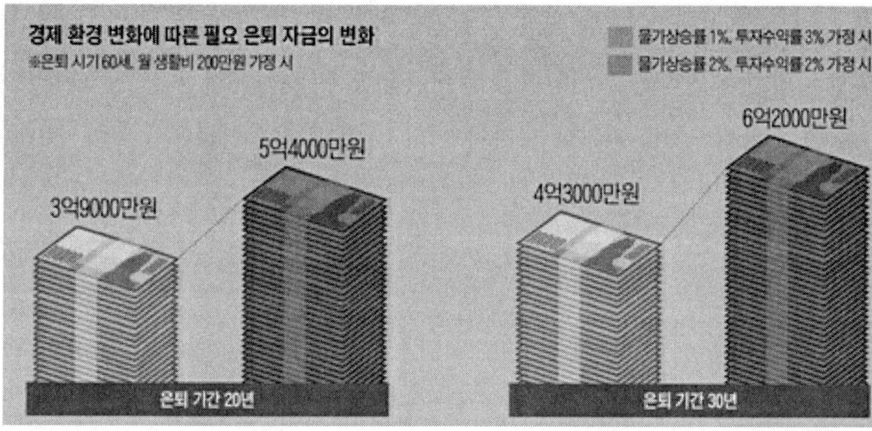

출처: 조선경제(2017.2)

과거에는 노후준비와 관련하여 은퇴시점까지 원하는 필요 준비자금을 마련하는 것에 일차적인 관심이 집중되는 편이었다. 그러나 위의 그림에서 보듯이 현재 40세인 직장인이 60세에 은퇴한다고 가정할 경우 은퇴기간에 필요한 노후자금을 마련하는 것은 현재의 절대적인 저금리 상황과 평범한 일반인의 저축가능 수준을 고려하면 사실상 비현실적이라고 할 수 있겠다.

1억원을 모으려고 해도 매월 65만원씩 적립하여 연평균 투자수익률이 7%인 자산에 10년 동안 운용할 수 있어야 가능한 것이다. 결과적으로 노후 준비자금 4억원 내지 6억원은 부모로부터의 유산이 아닌 한 급여 생활자가 모아가기는 결코 쉬운 일이 아니다. 즉, 예전처럼 자산을 축적하고 모으는 목돈 중심의 은퇴설계와 노후준비는 불확실한 경제 환경과 높은 변동성으로 인해 희망고문화 하고 있는 것이다. 은퇴설계의 패러다임을 스톡(Stock) 개념의 자산(Asset) 대신 흐름(Flow) 개념의 소득(Income) 위주로 재설계하는 관점의 전환이 필요하다.

이제는 “은퇴 시점에 우리가 이루고자 하는 것은 자산을 축적하는 것이 아니라 은퇴 이전의 생활수준을 유지하는 것”이라는 1997년 노벨경제학상 수상자인 로

버트 머튼 MIT대 교수의 언급에 귀를 기울일 때가 되었다. 자산을 축적하는 관점의 은퇴설계에서는 유동성·인플레이션·장수 위험 등에 쉽게 노출되며, 은퇴 후에 자신이 원하는 '목표 은퇴소득'부터 세우는 구체적인 전략을 우선적으로 짜는 것이 중요하다. 은퇴 이후의 월 목표 은퇴소득을 정한 다음에는 자신의 상황을 고려하여 국민연금·퇴직연금·개인연금·주택연금·일자리연금(재취업) 등 다층보장 방식을 통해 생활소득을 확보해 나가야 한다. 예컨대 국민연금에서 얼마, 퇴직연금에서 얼마, 개인연금에서 얼마 등으로 월 목표 은퇴소득 마련을 위한 현금흐름 창출수단을 마련해 나감으로써 유동성·인플레이션·장수 위험 등에 대비하는 것이다.

이런 가운데 1990년 전후에 출생한 베이비부머(1955년~1963년 출생)의 자녀세대 이후부터는 양육에 대한 부담과 불투명한 미래상이 반영되어 출생인구가 급격하게 감소하고 있으며, 노후복지 및 노인 부양 문제 등과 더불어 한국 사회의 각 분야에서 미래 청사진을 어떻게 도출할 것인가가 핵심적인 이슈로 부각되고 있다. 약 10년~20년의 시간차를 두고 여러 분야에서 한국의 반면교사 역할을 하고 있는 일본의 경우 GDP 대비 200%가 넘는 국가채무 비율과 연속적인 양적완화 단행에도 불구하고 브렉시트(Brexit) 등 글로벌 위기가 발생할 때마다 역설적이게도 엔화 강세 현상이 반복되고 있는 이면에는 매우 큰 규모의 해외투자 순자산 포트폴리오로부터 유입되는 다량의 과실이 국민의 소득흐름을 안정적으로 유지해 주고 있는 것에 힘입은 바 크다 하겠다. 즉, 장기불황에 따른 저금리의 엔화로 뉴질랜드 등 고금리 국가의 금융상품에 투자하여 고수익의 투자 기회들을 노리는 소액투자자를 일컫는 와타나베 부인의 축적된 자산이 그 배경이 되고 있는 것이다.

이에 반해 우리나라 은퇴 인구의 중심을 차지하고 있는 베이비부머들은 소위 낀 세대라는 다소 자조적인 용어로 지칭 되듯이 부모에 대한 공양을 마지막으로 하면서 자녀들로부터는 공양 받지 못할 마지막 세대라는 점에서 정작 자신들의 노후준비는 취약한 상태에 놓여 있다.

2015년 국민연금연구원이 50세 이상이 가구주인 약 4,800여 가구를 대상으로 경제 상황과 노후준비 상태를 조사한 결과, 서울 생활에 소요되는 매월 적정생활비(평범한 수준의 생활을 영위하는 데 필요하다고 기대하는 비용)는 부부에게는 약 260만원, 개인에게는 약 156만원으로 제시되었다. 그런데 이 리포트에서 사례로 든 80대 초반 부부의 경우 식비, 통신비, 각종 공과금, 병원비 등 불요불급한 소비를 억제하고도 꼭 필요한 월 생활비를 마련할 수 없어 40년간 보유했던 주택을 매각한 후 예치한 예금으로 쪼개 쓰는 실정이다.

20년 이상 국민연금에 가입했더라도 100만원 내외를 수령한다면 부부는 물론 개인의 최소생활비(특별한 질병 등이 없는 건강한 노년을 전제로 한 최소한의 생활 유지 비용)에도 미달하는 형편이다.

50대 이상 노후 적정·최소 생활비

부부		개인	
최소	적정	최소	적정
174만1000원	236만9000원	104만원	145만3000원

자료:국민연금공단

이런 상황을 고려할 때 노후준비는 최대한 젊어서부터 시작하는 것이 최선책이며, 다소 늦더라도 반드시 필요하다. 노후준비 없이 늙는 것은 재앙이고, 노후준비 없이는 늙을 자격도 없다는 것이다.

국가적인 차원에서 이와 같은 많은 난제들을 어떻게 슬기롭게 극복해 나갈 것인가와 별도로, 저성장 국면이 지속되고 미래 예측이 어려울수록 개별 구성원들은 자신이 처한 상황을 고려하여 기대수익률을 낮춰 잡고 유동성을 높이면서 포트폴리오 투자를 통해 리스크를 줄이는 방향으로 투자의 기본 마인드를 형성하는 것이 중요하다. 투자 의사결정시 절세여부가 수익성보다 선호되고 '부자' 인식의 최소 자산기준이 하락하는 현상(2016, KB금융지주경영연구소 한국부자보고서)은 보유자산의 실질가치를 증가시키는 것보다 유지하는 것이 더 어려울 수도 있다고 인식할 만큼 '자산관리' 문제가 중요한 관심사로 대두되고 있다는 것을 방증한다 하겠다. 국내 투자환경의 한계와 선진국 국민의 균형화된 자산 포트폴리오 구성 사례, 글로벌 패러다임의 변화 과정 등을 지켜보면서 앞으로 시간이 흐를수록 부유층 뿐 아니라 중산층 전후의 많은 한국 국민들도 자신이 보유한 자산에서 금융자산의 비중과 금융시장 의존도를 더욱 높여나갈 것으로 예상된다. 그러나 압축성장이 동시에 많은 부작용도 낳았던 경험을 반추해 볼 때 급격한 사회변화에 빠르게 적응하려는 과정에서는 초기에 방향을 잘 설정하고 시행착오를 최대한 줄일 수 있어야 사회적 비용을 최소화할 수 있을 것이다.

그런 면에서 금융 산업을 통해 어떻게 자산관리를 해 나갈 것인가는 국민의 삶의 질과 노후복지에까지 직결되는 문제인 만큼 국가·금융회사·개인 등 각 경제주체들이 시장운영 시스템, 정보 및 금융상품, 투자마인드 등 여러 가지 면에서 올바르게 정위화(Positioning)하는 것이 중요하다 하겠다.

그런데 이런 부분은 공급자와 소비자 사이에 지속적인 커뮤니케이션이 가능하여 금융거래의 절차와 내용의 다양성은 물론 당사자들의 투자성향이나 투자에 영향을 미칠 수 있는 개인적인 상황까지 충분히 드러낼 수 있는 영역에서 본질적인 해법을 찾아내기가 좀 더 용이할 것으로 보인다. 이를 위해 본 연구는 프라이빗 뱅킹(Private Banking; PB)으로 대표되는 은행의 프리미엄 자산관리(Wealth Management; WM) 서비스 영역에 주목하여 그 단서들을 발견해 보고자 하였는데, 그것은 이 분야가 고객과 전담직원간의 끊임없는 정보교환 과정을 통해 상호 이해의 폭을 넓히고 현안에 대한 해법을 찾아가는 핵심적인 영역이기 때문이다.

한편, 앞으로 용어 사용에 따른 혼동을 피하기 위해 본 연구에서는 PB와 WM 등에 관한 개념상의 차이를 다음과 같이 정리해 두고자 한다. 우선 일반적으로 받아들여지는 정의는 없으나 WM은 기본적으로 부자인 개인과 그 가족들에게 제공되는 금융서비스를 의미한다. 반면에 PB는 WM영역 중에서 보다 중요하고 배타적인 부분집합으로, 주로 지정된 전담 매니저에 의한 예금·지급 등 뱅킹 업무,

일임자산관리, 금융상품 중개, 제한된 세무 자문 서비스, 기초적인 집사형 서비스 등으로 구성되어 있으며 의사결정에는 대체로 신중하게 접근하는 편이다.

PB는 17세기 영국에서 탄생하여 오래된 연륜을 가진데 비해 WM 개념은 20세기 후반에 대중적인 자산가들의 관심과 적극적인 관여 속에 성장하고 있는데, WM은 PB보다 적어도 두 가지 관점에서 보다 넓은 금융서비스 영역을 포함하고 있다. 첫째는 취급상품 또는 서비스의 범위이다. WM은 단순한 자산관리(Asset Management) 이상으로, 고객의 대차대조표 양 쪽 모두에 관심을 두고 금융 자문, 부의 증식·유지·전환, 은행 예금 및 대출상품, 건강·생명·연금보험, 부동산 컨설팅, 와인·미술품 중개 및 관리, 자산배분, 세무·신탁업무 자문, 넓은 의미의 집사형 서비스 등을 망라한다. 둘째는 고객 영역이다. PB는 주로 투자가능자산을 10억원 이상 보유한 고자산고객(High Net Worth Individuals; HNWIs)을 대상으로 하는 반면 WM은 고자산고객을 포함하여 1억원 내외의 대중적 부유층(Mass Affluent)으로까지 고객층을 다양화하고 있다. WM에 있어서 고객관리 전담직원은 지속적으로 금융 및 고객 개인에 대한 정보를 수집하여 개별적으로 완전히 맞춤화된 자산관리방안을 추천할 수 있어야 한다.(www.wiley.com/finance, 2006)

한국의 경우 아직 금융 서비스의 발달 수준이 낮고 제도적인 규제 등으로 인해 선진국의 WM 개념에 부합할 정도로 취급 상품이나 서비스의 범위가 충분히 넓지는 못하나 앞으로의 성장 가능성과 연구의 취지를 감안하여 본 연구에서는 WM을 일반적으로 친숙한 '자산관리'와 동등한 개념으로 정의하고자 한다. 또한 PB는 WM의 한 부분이기도 할 뿐 아니라 고자산 고객을 상대하면서 축적·검증된 이론과 경험들은 자산관리가 대중화되어 가는 과정에서 WM의 다른 고객층으로까지 확산되어 적용될 수 있다는 점에서 PB를 '프리미엄 자산관리'라는 용어로도 사용하고자 한다.

2. 초점 맞추기

제조업이든 서비스산업이든 영업현장은 대체로 재화 또는 용역의 공급자가 소비자를 상대로 그의 상황과 니즈를 이해하고 설득하며 자사 제품을 구매하도록 유도하는 마케팅의 과정을 밟게 된다. 특히 무형의 제품을 판매하는 금융회사의 경우 제품 자체의 우수성도 중요하지만 판매직원이 어떻게 설명하는지, 고객에게 믿음을 주는지 여부 등이 경쟁력의 수준을 좌우하기 쉽다. 더구나 은행의 프라이빗 뱅킹 분야에서처럼 고객의 금융자산 관리를 위해 고객과 직원이 일대일로 연계되어 지속적인 정보교류와 금융상품 판매, 리밸런싱 등 사후관리로 이어지는 순환과정에서는 전담직원의 자질과 역할이 더욱 중요할 것이다. 즉, 은행이 자산관리(WM) 분야에서 경쟁력을 확보하려면 개별상품 판매차원으로 바로 접근하기보다는 중장기적인 시각에서 전체 자산포트폴리오를 고려하여 고객의 개별 특성을 반영하고 진정성을 담보할 수 있도록 정도 영업(ethical selling), 통찰적 영업(insight selling)의 관점에서 바라볼 필요가 있다.

주로 거액의 금융자산을 보유한 고객을 대상으로 영업하는 은행의 프라이빗 뱅킹 분야를 필두로 자산관리 서비스업에서는 개별적이고 단속적인 거래적 영업(transaction selling)이 아니라 장기적이고 미래지향적인 고객 중심의 자문적 영업(consultative selling)이 중요하며, 결국 해당회사의 경쟁력은 상담역량과 신뢰를 중심으로 종업원을 통해 인식되는 상호작용의 품질 수준에 달려 있다고 하겠다. 금융상품 자체만으로는 독보적인 차별화를 이루기 어렵고 필요한 정보는 누구나 도처에서 얻을 수 있는 현실에서 자신만의 특별한 철학과 신념을 갖고 한결같이 실천하며, 고객을 위하는 마음으로 늘 진심으로 다가가는 정도영업이야말로 성공의 요체로 판단된다. 은행과 고객 상호간에 신뢰가 자리 잡고 서로 지향하는 목표와 가치가 유사할수록 건강하고 호혜적인 관계가 유지될 것인 바, 본 연구는 이를 위한 토대가 어떤 것들이며 실행과정에서 저해요인이 있는지 등에 관해 실증연구를 통해 살펴봄으로써 본격적인 성장과정에 진입하고 있는 것으로 보이는 한국의 금융자산관리 시장의 건전한 발전에 작게나마 기여해 보고자 하였다.

3. 전개의 흐름

필자는 이 책의 내용을 최근 국내외 저널에 게재한 두 개의 실증연구 논문들을 근간으로 하여 구성하였다. 모두 5개의 장으로 이루어져 있는데 이 중에서 제2장 및 제3장이 다루고 있는 실증연구들은 동일한 대상자들로부터 수집한 설문항목들을 가지고 각각의 주제에 맞추어 선별· 활용하는 방식으로 진행되었다.

우선 제1장에서는 주로 은행의 프리미엄 자산관리 서비스의 품질수준이 고객만족을 매개로 하여 계속이용의도와 지인에 대한 추천의도에 미치는 효과를 연구하게 된 배경과 목적을 기술하였다.

제2장은 서비스경영학회지에 게재하였던 '은행의 프리미엄 자산관리 서비스 품질이 고객만족과 추천의도에 미치는 영향에 관한 연구'를 위주로 작성되었다. 용역을 제공하는 서비스 기업과 관련한 전형적인 품질대상의 연구에서와 같이 서비스의 품질수준이 1차적으로 고객의 만족수준에 영향을 미치는지 그리고 그 결과가 후속적으로 고객과 기업 사이의 신뢰관계에 보다 긍정적으로 작용함으로써 기업으로 하여금 효율적인 마케팅 활동을 가능하게 할 것인지에 관심을 두었다. 그러나 금융, 특히 고자산 보유고객 중심의 프라이빗 뱅킹 분야에 국한하여 전반적인 서비스 품질의 흐름을 연구대상으로 함으로써 프리미엄 자산관리 서비스가 제공되는 과정에서 준비되어야 할 핵심요소들을 제시하고자 하였다.

또 제3장은 *International Journal of Bank Marketing*에 게재한 'Does the interactive quality of premium asset management service promote customer's referral intention? The moderating effect of customer's asset size'를 기반으로 하였다. 즉, 은행 프리미엄 자산관리 서비스의 상호작용품질이

성과에 대한 기대와 고객만족을 매개로 추천의도에 미치는 영향을 중심으로 전개하였다. 이 부분은 제2장의 연구 흐름과 연계하되, 서비스품질 영역에서는 상호작용품질에만 초점을 맞추어 두 단계 유형화를 거치는 2단계접근법(two-step approach)을 사용하여 서비스 전담직원에게 요구되는 자질에 관하여 세밀하게 분석하였다. 또 마케팅활동 과정에서 고객의 심리현상을 이해하고자 고객의 자산규모가 지인에 대한 추천의도에 조절효과로 작용하는지에 대해 별도로 연구를 진행하였다. 제4장에서는 제2장 및 제3장의 연구를 통해 얻게 된 전반적인 성과와 시사점 등에 대해 기술하였다. 마지막으로 제5장에서는 이러한 연구결과를 토대로 최근 관심이 점증되고 있는 금융소비자보호 이슈를 감안하고 저자의 현장 근무경험을 반영하여 금융투자자 보호를 위한 몇 가지 제언을 소개하고 있다. 전체적으로 본 책자의 구성을 요약하면 〈표 1〉과 같다.

▌표 1▐ 책자의 구성

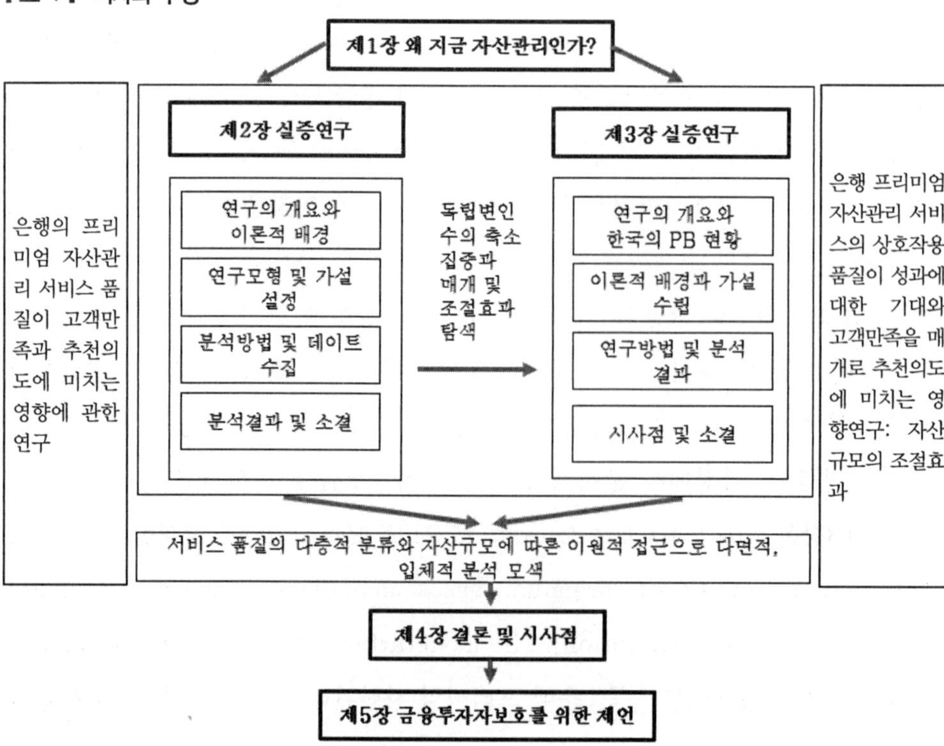

Chapter 02

실증연구 : 고객만족의 매개효과에 대하여

1. 연구 목적과 의의

금융감독원 자료(2015)에 의하면 지난 1년간 네 차례 기준금리가 인하되면서 은행권의 이자이익과 순이자마진(net interest margin)은 급감했는데, 국내은행의 이자이익은 금리인하 직전인 2014년 2분기 8조 8천억원에서 8조 3천억원으로, 순이자마진율은 1.82%에서 1.63%로 하락하였다. 수익구조를 개선하기 위해 관심을 기울인 결과 국내은행들의 2015년 1분기 비이자수익은 1조 8천억원으로 전년 대비 251% 폭증하였고, 영업이익 중 비이자수익 비중도 같은 기간 5.6%에서 17.6%로 증가하였다. 은행에 편중된 자산 및 수익구조 완화를 위해 자산관리 부문을 강화해 나가려는 것도 보다 안정적이고 장기적인 비이자수익을 확보하려는 금융회사들의 생존전략을 보여 준다. 백은영과 정순희(2011)에 따르면 금융자산 1억원 이상을 보유한 가계의 경우 2008년 이후 예금의 비중이 줄어들고 주식 및 채권 투자 비중이 증가하여 자산관리 서비스 시장에서 잠재력이 높은 고객군으로 파악된다. 이에 따라 프라이빗 뱅킹(PB)을 포함한 자산관리 시장에서 고자산가나 중산층의 투자성 금융자산 유치를 위해 주요 금융회사들 간의 경쟁이 치열해지고 있을 뿐 아니라 서비스 제공 대상 금융자산 기준을 낮추어 고객층을 확대해 감으로써 대중성을 꾀하고 있다. 이것은 본격적인 은퇴에도 불구하고 미흡한 사회보장시스템으로 인한 은퇴이후의 삶에 대한 불확실성을 해소하려는 베이비붐 세대가 금융자산의 체계적인 관리에 관심을 갖는 현상과도 무관하지 않다.

이와 같이 향후 금융 자산관리 시장의 활성화 여부는 양대 시장참여자인 금융소비자의 안정적인 삶과 금융회사의 수익에 지대한 영향을 미칠 것으로 예상되므로 금융 자산관리 시장에서 어떤 요인들이 상호간 신뢰를 담보하고 장기적으로 성장을 촉진하게 할 것인지 연구될 필요가 있다. 먼저 금융 자산관리 시장은 금융시장과 금융상품 가격의 변동성, 고객별 자산구성 및 투자성향의 다양성을 특징으로 하고 있다는 점에 주목할 필요가 있다. 이런 이유들로 금융회사가 전담직원을 배치하여 고객과의 일대일 매칭을 통해 맞춤식 서비스를 제공하는 대표적인 프리미엄 종합자산관리 채널인 은행의 PB센터는 어떤 요소들이 양 당사자간에 중장기적인 신뢰형성의 접점으로 작용하는지 파악하는 주요 통로가 될 수 있다.

전통적인 서비스 산업이 생존·쾌락·치료 등 인간에 대한 본원적 만족을 지원하는데 필요한 서비스품질에 관심을 가지고 있는데 비해 자산관리 서비스품질은 본원적 만족을 위한 선택의 자유와 연계된 금전적 도구를 확충하는 것과 관련한 서비스품질을 다루고 있다는 점에서 차이가 있다. 또한, 서비스의 존속기간과 연관이 높겠지만 금융 분야의 기존연구들이 주로 일회성 서비스품질에 관심을 갖는 반면 프리미엄 금융 자산관리 분야는 서비스의 완성에 소요되는 기간이 긴 만큼 서비스 품질은 상대적으로 지속성을 갖는다. 그리고 비금융 일반 서비스 업종에 대한 기존연구들에서 제시한 서비스품질은 대체로 고객의 개인차를 고려하지 않는 표준성의 특징을 갖지만, 금융 자산관리 분야에서의 서비스 품질은 고객마다의 관점에서 평가되는 개별성을 갖고 서비스를 제공하는 전담직원과 고객 사이는 밀접한 관계성을 갖는다. 마지막으로, 프리미엄 자산관리 분야는 이와 같은 강한 관계성 때문에 전담직원에 대한 고객의 신뢰 정도가 전반적인 품질인식에 영향을 주기도 한다.

한편, 금융 분야에 국한해서 보면 많은 기존 연구들이 금융서비스 분야의 품질관련 연구들을 다루었으나(라선아, 2005; 이상석, 2012; 이형석, 2003; 하홍렬,

2011), 금융자산관리시장에 국한해서 보면 신뢰 및 차별화와 밀접한 서비스품질에 관한 연구는 충분히 이루어지지 못했다(허미하 외, 2014). 그러나 본 연구에서 고객과 종업원 사이의 서비스 전달과정을 다루는 상호작용품질은 고객별로 특성을 반영하고 주로 투자성 자산관리를 다룬다는 점에서 기존의 금융관련 연구들에 비해 보다 유기적이고 지속적이며 전략적인 성격을 내포한다. 본 연구에서는 상호작용품질의 세부 구성항목으로 전담직원의 전문성, 공감성, 반응성을 제시하였는데, 전문성과 관련하여 저금리, 고령화 추세가 진행되면서 자산관리 영역에 투자자산의 비중이 높아짐에 따라 프리미엄 자산관리 영역에서는 현상에 대한 정보 이외에도 시장의 흐름과 미래에 대한 전망을 다룬다는 점에서 정보 자체에 대한 전문적 지식 뿐 아니라 개별성을 지닌 고객과의 소통역량과 관련된 논리적, 설득적 전문성이 더욱 중요함을 강조한다. 또한, 기존 금융산업 연구와는 다르게 물리적 환경품질은 접근성, 쾌적성 등 금융거래의 편의를 위한 일반적인 환경품질 이외에 고객의 심리적인 안정과 비밀 보호, 충분한 상담이 가능한 개별 공간 등 온전한 자산관리를 위한 도구적인 보조품질로 보고자 하였다. 마지막으로, 맞춤형 자산관리를 위해서는 전담직원의 역량 이외에도 상대방에 대한 외형적인 조건을 중시하는 한국적인 특성을 고려하여 해당 회사의 경쟁력에 대한 고객의 초기 인식과 신뢰에 영향을 줄 수 있는 전담직원의 인적 배경을 새로운 품질 구성요소로 추가하였다.

이런 특징들을 감안하여 본 연구에서는 은행 PB센터 이용 고객들을 대상으로 은행의 프리미엄 자산관리 서비스 품질 수준이 고객만족과 관계지속의도 및 추천의도에 어떠한 영향을 미치는가에 대한 실증연구를 실시하였다. 소비자들이 중시하는 서비스 품질의 내용을 분석하여 실제로 그 구성요소들이 해당 금융회사로 하여금 자산관리시장에서 우위를 확보하게 할 수 있는지 확인하고, 자산관리부문을 확충하려는 개별 금융회사들로 하여금 주로 어떤 부분에 역점을 두어야 중장기적으로 고객의 신뢰를 얻어 경쟁력을 확보할 수 있을지에 대한 발전적인 방향을 제시하고자 한다.

2. 이론적인 배경

(1) 서비스품질 구성요인에 관한 차원별 분류

기존의 연구들은 서비스품질이 단일차원의 구성개념(single dimensional construct)이 아니라 신뢰성, 응답성, 공감성, 확신성, 유형성 등 2개 이상 다차원으로 구성되어 있다고 본다(Bitran & Lojo, 1993; McDougall & Levesque, 1996; Parasuraman et al., 1985, 1988). 각 차원들은 서비스 활동의 결과물 또는 서비스의 전달과정 중 어디에 관심을 두느냐에 따라 대별될 수 있으나, 무형성을 특징으로 하는 서비스의 속성상 고객들에 대한 이해가 어려워(Legg & Baker, 1996), 건물의 외관이나 내부 시설 등 유형성에 대한 서비스품질로까지 확장됐다. 서비스품질을 측정하기 위해 초기에는 크게 두 가지의 접근법이 존재했다. 첫 번째로는 서비스품질이 기술적 품질(technical quality)과 기능적 품질(functional quality)의 2차원으로 구성되어 있다고 보는 관점으로(Grönroos, 1982), 전자는 '무엇(what)'에 해당하는 서비스의 핵심적인 내용에 관한 품질로 결과품질이라고도 불리며, 후자는 고객과 종업원 사이에서 발생하는 서비스의 전달과정상의 관계 즉, '어떻게(how)'에 해당되는 품질로 과정품질(process quality)로 불리기도 한다. 반면, Parasuraman et al.(1988)은 응답성, 확신성, 유형성, 공감성, 신뢰성 등 5가지 구성요인으로 SERVQUAL 모델을 제안하였다. 이 모델에 따르면 서비스품질은 개인에 의한 서비스 기대 수준과 지각된 서비스 성과간의 차이에서 결정된다고 봄으로써 불일치 패러다임을 적용하였다. 이후 후속의 여러 연구가 SERVQUAL 모델을 적용하여 측정한 결과 값이 안정적이지 못하고 구성차원별 판별타당도가 낮다는 지적이 제기되자 이에 대한 대안으로 Cronin & Taylor(1992)는 SERVPERF 모델을 제시하였다. SERVPERF 모델은 개인에 따라 주관적이고 불안정한 서비스 기대 수준을 제외하고 서비스품질을 오로지 성과만으로 측정하고자 하였다. 서비스품질의 차원별 유형에 대한 적절성 여부는 적용분야나 연구자의 관점에 따라 다를 수 있겠으나 그 중에서도 3차원 모형은 서비스품질의 속성을 입체적으로 보여 주고 논리적 타당성을 갖춘 것으로도 평가되어 최근 서비스품질관련 연구에서 자주 사용되는 경향이 있다(이유재, 라선아, 2003; Hsieh & Hiang, 2004). 〈표 2〉에서는 기존 연구를 종합하여 서비스품질 구성요인에 관한 차원별 분류를 제시하고 있다.

한편, 최근의 연구에서 김중인 등(2013)은 패밀리레스토랑의 서비스품질을 음식의 맛과 질, 다양성, 건강지향성(결과품질), 종업원의 친절성, 신뢰성, 반응성(상호작용품질), 매장의 매력성, 청결성, 정보성(물리적 환경품질)으로 나누었고, 서지연 외(2011)는 커피전문점의 서비스 품질관련 연구에서 서비스품질을 커피와 음료, 사이드메뉴의 품질(결과품질), 입지와 매장내 물리적 환경(물리적 환경품질), 바리스타의 커뮤니케이션 스킬과 태도 등(상호작용품질)으로 구분하였다. 또, 송윤헌 외(2006)는 의료분야에서 질병의 진찰, 치료에 적용된 정도(기술적 품질), 의료종사자의 의사소통 역량(서비스 수완), 의료서비스 시설의 접근성, 편리성, 이용 용이성(물리적 시설)으로 서비스 품질을 분류하였다. 서비스산업은 업종이 워낙 다양한데다 비물질적 성격이 강하여 서비스 품질의 구성과 내용을 일률적으로 정의하기 어려운데, 금융 분야 특히 본 연구의 주된 관심영역인 프리미엄 자산관리 분야에서의 서비스 품질의 특성을 용이하게 조망해 보기 위해 서비스 품질에 대해 3차원으로 접근한 몇 가지 분야의 선행연구들과 비교해 보고자 하였다.

▌표 2▐ 서비스 품질 구성요인에 관한 주요 차원별 분류

관련 문헌	서비스 품질의 차원 유형			특 징
	결과차원	과정차원	환경차원	
Grönroos (1984,1988)	기술적 품질 (결과품질)	기능적 품질 (과정품질)	-	2차원 모형
Parasuraman et al. (1985,1988)	신뢰성	응답성, 공감성, 확신성, 유형성	-	기대와 성과간의 불일치 측정

관련 문헌	서비스 품질의 차원 유형			특 징
	결과차원	과정차원	환경차원	
Cronin & Taylor (1992)	신뢰성	응답성, 공감성, 확신성, 유형성	-	성과중심 측정
Rust & Oliver(1994)	서비스 상품	서비스 전달	서비스 환경	3차원 모형
Dabholkar et al.(1996)	신뢰성	인적 상호작용, 문제해결	물리적 측면, 정책	다층적 위계구조 모형
Brady & Cronin(2001)	결과품질	상호작용 품질	물리적 환경품질	3차원 모형과 위계구조모형의 접합

(2) 금융과 관련한 서비스 품질에 대한 기존 연구들

은행 등에 관한 기존 서비스품질 관련 연구들은 SERVQUAL 모형이나 2차원 모형, 3차원 모형 등 다양한 차원에서 접근하였으며, PB 등 고액 자산관리나 외환업무 같은 은행의 특정 서비스 영역보다는 주로 입출금, 예금, 송금, 신용카드, 사고신고 등 일반 소매영업 분야를 연구대상으로 하였다. 은행의 서비스 품질 구성항목에 대해 최근 연구들은 대체로 Brady & Cronin(2001)의 3차원 모형으로 접근한 경우가 많았는데, 전문성, 신속성, 신뢰성, 친절성 등 서비스를 제공하는 종업원의 태도나 역량으로부터 인식되는 서비스 전달과정상의 품질, 이자율이나 수수료 등 서비스 전달과정이 종료된 후 결과적으로 남게 되는 혜택과 관련한 품질, 서비스 전달을 위한 물리적인 배경이 되는 서비스 환경관련 품질을 주된 내용으로 하고 있다. 박종철 외(2011)는 친절성, 신뢰성, 전문성을 과정품질로, 혜택, 이자율, 수수료를 결과품질로, 주변 환경의 쾌적성, 실내 디자인, 최신 설비를 물리적 환경품질로 구분하였고, 이형석(2003)은 이를 각각 관계품질, 핵심품질, 유형품질로 명명하였으며, 상호작용품질, 결과품질, 물리적 환경품질로 유형화한 경우도 많았다(이형목 외, 2012; 양오석, 박설우, 2014). 반면,

라선아(2005)는 은행 및 패밀리 레스토랑을 대상으로 한 연구에서 신속성, 신뢰성, 친절성을 과정품질로, 욕구 충족성, 가치성, 호감성을 결과품질로, 쾌적성, 편리성, 심미성을 서비스 환경품질로 구성하여 서비스 품질의 다차원적 위계구조를 보여주었다.

이형석(2003)은 3차원 품질모델을 적용하여 고객만족에 미치는 관계품질과 은행들의 서비스 제공 과정관리의 중요성을 강조하였으며, 박명걸 외(2013)는 안정적인 영업기반 확보 및 수익창출을 위해서는 서비스품질 개선으로 경쟁은행과의 차별화가 필요함을 강조하였다. 특히, 은행의 경우 자체적으로 상품을 개발하거나 제도, 절차 등을 마련하더라도 경쟁회사들이 복제하기 용이하며, 자금의 이동비용도 낮아 물리적인 콘텐츠만으로는 차별화하기 쉽지 않다. 즉, 금융상품의 가격만으로 유일한 경쟁력의 대안으로 삼기가 어렵기 때문에 은행 서비스품질은 구성 속성별로 비대칭적인 영향력을 가지며, 경우에 따라 고객만족 최대품질요인 또는 고객 불만족 최소품질요인 등으로 차등 인식될 수 있기 때문에 전략적 의사결정과 자원 배분이 필요하다(백인기 외, 2011). 같은 맥락에서 형식적인 약속보다는 고객에 대한 실질적 지원문화, 업무능력, 고객과의 공감 등이 서비스품질의 요체이며, 단기적인 고객만족 수준이 아니라 전환비용에 구애 받지 않는 고객으로부터의 신뢰 확보가 중요하다(장형유, 2008).

하홍렬(2011)도 은행 서비스에서 기능적 품질의 우수성이 서비스품질 인식에 더욱 효과적이며, 금리민감도는 조절효과를, 은행명성은 더욱 강화된 긍정 효과를 유발한다고 주장하였으며, 이형목 외(2012)는 저축은행에 관한 연구에서 상호작용품질, 결과품질, 물리적 환경품질 등 3차원의 서비스품질이 금리민감도와 기업명성을 조절변수로 하여 결과품질인 고객만족과 신뢰, 재거래 의도에 긍정적인 영향을 미침을 확인한 바 있다. 금융 서비스 품질은 직접적인 구성요소들 이외에도 전후방에 연관된 또 다른 핵심 이미지들과 결합하면서 풍부하게 전개되었는데, 홍성태 외(2012)는 자아-브랜드 이미지 일치성, 금융상품 매력성, 금융기업 명성을 '지각된 전반적 품질'로 정의하여 척도를 상품, 기업, 소비자 특성요인으로 다차원화 하였고, 라선아(2005)는 서비스 충성도가 서비스품질에서 출발하는 내재적 경로와 서비스 브랜드에서 출발하는 외재적 경로의 이중경로를 통해 형성되고 행동적 충성도와 태도적 충성도로 구분된다는 이론적 확장을 시도하였다. 또, 금융 산업의 신뢰, 상호 호혜적 규범, 윤리적 기반 등 사회적 자본 역시 금융에 대한 서비스품질과 고객만족에 긍정적인 영향을 미칠 뿐 아니라(이현복, 2014), 서비스품질과 고객만족을 이어주는 매개변수로 지각된 가치, 신뢰 등 기존의 인지적 변수 외에 호혜성이라는 감정적 변수를 개입시켜 서비스품질에 관한 소비자 심리를 통합함으로써 서비스품질의 효과를 증폭시키는 요인들이 있음이 제시된 바 있다(박종철 외, 2011).

〈표 3〉에서는 금융 서비스 품질과 관련한 주요 선행연구들을 소개하고 있다.

| 표 3 | 금융 서비스 품질 관련 기존 연구

연구자	주요 변수 및 척도	연구대상 및 주요 내용
박종철 외 (2011)	과정품질, 결과품질, 물리적 환경 품질	'서비스품질-고객만족'관계에서의 심리적 메커니즘 고찰(서비스품질과 고객만족을 이어주는 매개변수로 지각된 가치, 신뢰 등 기존의 인지적 변수 외에 호혜성이라는 감정적 변수를 개입시켜 서비스품질에 관한 소비자 심리를 통합)
Zhao & Park (2011)	상호작용 품질, 결과품질, 물리적 환경 품질	성별의 차이에 따른 중국의 은행서비스품질이 고객만족, 관계품질 및 행동의도에 미치는 영향(사회주의적 정치체계와 자본주의적 경제체제가 혼재되어 자본주의 국가의 고객들과 상이한 특성을 가지고 있으나 서비스 발전과 경험 축적에 따라 수렴 예상)
장형유 (2008)	유형성, 반응성, 공감확신성, 신뢰성	소매은행에서 서비스품질이 관계품질에 미치는 영향과 관계품질과 고객애호도 관계구조에서 전환비용의 조절효과(형식적인 약속보다 고객에 대한 실질적 지원문화, 업무능력, 고객과의 공감 등이 서비스품질의 요체임을 확인하고, 단기적인 고객만족 수준이 아니라 전환비용에 구애받지 않는 고객신뢰의 중요성 강조)
이형목 외 (2012)	상호작용 품질, 결과품질, 물리적 환경 품질	저축은행을 중심으로 금융 산업의 서비스 품질이 서비스 성과에 미치는 영향에 관한 연구(3차원 서비스품질이 금리민감도 및 기업명성을 조절변수로 하여 결과품질인 고객만족과 신뢰, 재거래 의도에 긍정적인 영향을 미침을 확인)

연구자	주요 변수 및 척도	연구대상 및 주요 내용
양오석 & 박설우 (2014)	상호작용 품질, 결과품질, 물리적 환경 품질	자국 은행과 외국계 은행 이용자들의 서비스품질-고객만족도-고객충성도 구조에 대한 정보비대칭성의 조절효과 연구 (서비스품질에 대한 기대와 욕구의 충족에서 오는 다면적 고객만족이 태도적, 행동적 충성도로 연결되며, 은행의 상품과 활동에 대한 활발한 정보 제공은 그 효과를 강화)

3. 연구 모형과 가설 설정

(1) 연구 모형

본 연구에서는 금융관련 서비스 품질에 관한 다양한 접근방법들 중에서 많은 선행연구들이 채택했던 Brady & Cronin(2001)의 3차원 위계구조모형을 근간으로 하여 서비스 품질을 상호작용품질, 결과품질, 물리적 환경품질 등으로 구성하고자 한다. 연구대상이 금융 서비스 영역이라는 공통점이 있고 안정적인 연구결과들이 도출되었다는 점을 고려하였으며, 다만 프리미엄 자산관리 서비스는 은행의 일반 소매영업 분야와 업무의 내용이나 형태가 달라 선행연구들과 동일한 명칭을 사용하더라도 각 품질의 구체적인 내용에는 차이를 두었다.

┃그림 1┃ 연구 모형

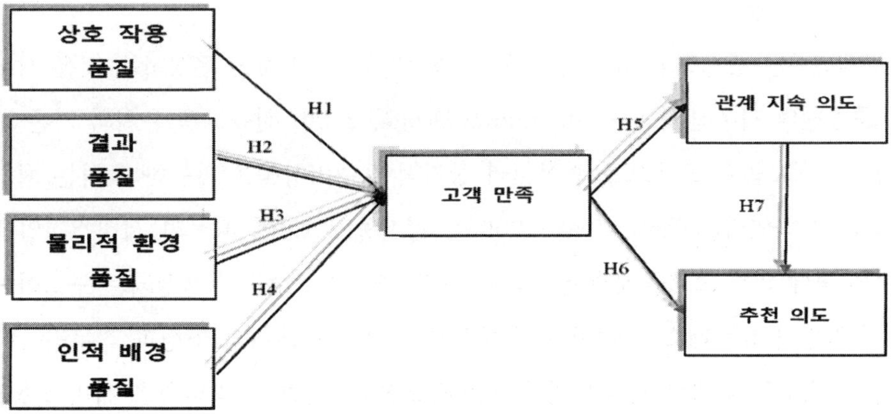

이에 덧붙여 프리미엄 자산관리 서비스의 특성을 감안하고 전담직원 개인에 대한 고객의 느낌 또는 인식이 서비스가 제공되는 과정에서 지각되는 서비스품질의 수준에 영향을 미칠 수 있다는 점을 고려하여 전담직원에 관한 인적배경 품질 요인을 추가하였다. 이 요인들이 고객만족에 미치는 영향과 더불어 고객만족이 고객충성도, 즉, 관계지속의도와 추천의도에 유의미한 영향을 미치는지 여부에 대해 검증하고자 하였다. 이와 같은 내용을 기반으로 연구모형을 구성하면 〈그림 1〉과 같다.

(2) 가설 설정

(가) 프리미엄 자산관리 서비스 품질과 고객만족

관계마케팅에 관한 기존 연구의 중심주제는 주로 고객과의 장기적인 관계와 기업수익의 관련성에 관한 것이며, 기업의 물질적 이익은 비용 효율성, 증가된 고객의 신념, 보다 높은 고객만족지수, 충성도 등에서 나온다고 주장하였다(Brady et al., 2012). 고객만족의 개념에 대해 Tes & Wilton(1988)은 제품에 대한 소비 이전의 기대와 소비 이후에 인식된 실제 성능 수준과의 차이에 대한 평가라고 함으로써 인지적 측면을 강조하였으며, Westbrook & Reilly(1983)는 시장에서의 구매과정에서 나타나는 행동패턴이나 전시 상태, 구매한 제품이나 서비스를 사용한 후에 느끼는 감정적인 반응이라고 하여 고객만족의 정서적 관점을 부각하였다.

고객만족은 충성도를 유지하게 하는 핵심인자로, 이것을 형성하는 것은 서비스 종업원의 최우선 목표이며(Chiou & Droge, 2006) 신규고객 유치와 기존 고객을 충성도 높은 고객으로 변화시켜 장기적인 수익창출을 가능하게 하는 핵심요소라고 하였다(Bolton et al., 2000). 김시중(2012)에 따르면 서비스기업은 감정노동에 의해 고객들에게 전달되는 서비스의 질적 수준이 결정되는 구조이므로 종업원의 스트레스를 줄이는 긍정적인 감정노동 분위기 조성과 직무만족이 가능한 내부의 정책적 지원이 중요함을 강조한다. 한편, 고객만족은 서비스품질의 결과변수로서 서비스품질과 고객만족, 행동의도 사이에 긍정적인 상관관계가 있는 것으로 알려져 있으며(Caruana, 2002; Dagger & Sweeney, 2006), 실증분석을 통해서도 이런 관계가 입증되어 왔다(Dabholka et al., 2000).

은행의 서비스 품질은 그 수준이 높을수록 관계지속과 가치 일치성을 통해 은행의 명성과 고객만족에 긍정적으로 작용하며, 은행은 보다 경쟁력 있는 서비스 품질을 제공하기 위해 다양한 상품 및 지원 서비스 개발이 필요할 뿐 아니라 합리적이고 체계적인 고객관리를 위해 고객접점에 있는 직원 역량 강화 또한 중요하다(박명걸 외, 2013). 라선아(2005)는 은행 고객을 대상으로 한 연구에서 상호작용품질, 결과품질, 물리적 환경품질의 수준이 높을수록 고객만족에 긍정적인 영향을 미친다고 설명하였다.

그런데 위와 같이 서비스기업을 대상으로 선행연구들이 제시한 서비스품질과 고객만족과의 양(+)의 상관관계는 지극히 상식적인 차원으로 비칠 수도 있다. 비단 프리미엄 자산관리 분야가 아니더라도 의료, 여행, 이·미용, 요식업 등 다양한 분야의 서비스업종에 대입해 보면 품질의 내용은 다르더라도 해당 업종 특유의 품질요인들이 고객만족 효과를 유발하는 기제는 유사하다. 하지만 고객만족에 이르는 서비스품질의 내용은 해당 산업의 특성에 따라 차이가 있고 서비스품질과 고객만족과의 관계가 항상 일률적이라고 볼 수만은 없기 때문에 서비스품질과 관련한 새로운 연구들이 계속 진행되어 온 것으로 판단된다. 상기 연구모형에서 제시하고 있는 것처럼 본 연구 역시 서비스품질과 고객만족과의 관계 및 고객만족과 관계지속의도 또는 추천의도 간의 관계에 대해서 선행연구들의 프레임을 참고함으로써 프리미엄 자산관리에 특유한 모델로서의 독자성이 부족해 보일 수도 있겠다. 그러나 본 연구가 채용한 하기 연구 가설들은 논리적으로 평범하고 당연한 서술구조를 가졌음에도 불구하고 PB고객을 대상으로 프리미엄 자산관리의 주요 서비스품질 항목과 고객만족 등 종속변수와의 관계에 관한 연구 사례가 없었다는 점, 본 가설들이 관계지속의도 및 추천의도에 연관된 고객만족의 매개효과 여부를 파악하거나 고객만족과 추천의도 사이에 자산규모가 조절효과를 보이는지 등을 확인하는데 유용하게 활용될 수 있다는 점 등에서 충분히 의미가 있다고 본다.

한편, 학력이 사회구성원 판단의 핵심지표가 되고 학력주의가 사회 작동의 지배적 이데올로기가 되는 학력사회에서는 학교 교육체계의 산물인 학력이 개인의 능력을 상징적으로 표현하고 있다(남인숙, 2011). 학력은 합리성을 내포하면서도 사회적으로는 실질적인 가치보다 학벌이라는 부정적인 이미지로 채색되어 공공연히 회자되는 것에는 부담스러운 존재가 되고 있다. 그러나 체면, 외관, 형식주의 등을 사실상 중요하게 생각하는 한국인 특유의 의식과 문화를 감안할 때, 프리미엄 자산관리 전담직원의 학력이나 경력, 자격증 등 외형적 조건들이 일종의 선입견으로 작용해 고객으로 하여금 그에 대한 신뢰 및 역량수준 판단의 기초로 활용하게 함으로써 해당직원의 인적배경 자체가 고객의 만족도에도 정의 영향을 줄 것으로 예상할 수 있다. 즉, 새로운 설문항목을 개발한 후 인적배경품질을 구성하여 적용함으로써 향후 서비스품질에 관한 후속연구들도 필요할 경우 이를 차용할 수 있게 한 점에서도 본 연구는 기여하는 것으로 생각된다. 이와 같은 선행연구들을 토대로 본 연구에서는 은행의 프리미엄 자산관리 서비스품질 세부 요인들이 고객만족에 긍정적인 영향을 미치는 것으로 보고 연구가설을 다음과 같이 설정하였다.

H1 : 상호작용품질은 고객만족에 정(+)의 영향을 미칠 것이다.
H2 : 결과품질은 고객만족에 정(+)의 영향을 미칠 것이다.
H3 : 물리적 환경품질은 고객만족에 정(+)의 영향을 미칠 것이다.
H4 : 인적배경품질은 고객만족에 정(+)의 영향을 미칠 것이다.

(나) 고객 만족과 고객 충성도

고객충성도는 '특정한 상대방과 관계를 계속하려는 의지'(Sirdeshmukh et al., 2002), '고객이 특별하다고 생각하는 제품 또는 서비스에 대한 지속적인 애착', '훌륭한 서비스를 제공함으로써 얻어지는 긍정적인 신념' 등으로 개념화되어 왔다. 지인에 대한 거래은행 추천의사와 장단기적으로 해당은행의 고객으로 남아 있으려는 행동의도를 예상하거나 거기에 영향을 주는 인자들을 제시할 수 있다면 고객의 충성도에 영향을 미치는 요인들을 고려해 마케팅 전략을 수립할 수 있으므로 매우 가치가 있다고 할 수 있다(Baumann et al., 2007).

관계지속의 중요성에 관하여 박은정(2008)은 거래중인 고객이 경쟁하는 기업 또는 브랜드로 전환하지 않게 하는 것은 기업의 재무성과에도 큰 도움이 된다고 주장하였다. Raj et al.(1997)은 충성도를 행동적 측면, 태도적 측면, 복합적 측면으로 구분하면서 행동적 측면은 동일한 판매자로부터 계속 구입하거나 타인에 대한 추천의도를 의미하며, 태도적 측면은 제품 또는 서비스에 대한 애착의 정도를 나타내는 것으로 구분하였다. 고객충성도를 측정함에 있어서 기존의 많은 연구들은 재구매 의도와 구전(추천)의도를 단일 또는 별개의 차원으로 하여 전개하였는데, 제품이나 서비스에 대한 고객의 만족도는 재구매 의도를 유발하는 주된 요인이며(Cronin & Taylor, 1992; Oliver, 1980; Patterson et al., 1997), 장기적인 관계를 유지하는 데에도 기여하는 것으로 주장하였다(Anderson & Narus, 1984). Zhaohua et al.(2010)에 따르면 고객만족도는 고객충성도를 측정하기 위한 수단이며, 고객충성도는 브랜드의 장기 생존역량을 가늠하는 핵심요소라고 하였다. 고객만족이 충성고객 집단의 재구매 의도와 긍정적인 구전을 통해 재무적인 성과 향상을 유발한다는 점도 같은 맥락으로 볼 수 있다(고화정, 정순희, 2012). 이런 인과관계를 토대로 Bitner(1990)는 고객이 지각하는 서비스 품질 수준은 일종의 최종평가로서 고객의 만족 또는 불만족 요인이 되며, 그 결과는 추후 재구매 의도에 직접적인 인과관계를 형성한다고 주장한 바 있다. Wells & Matthews(1996)는 소비자의 욕구충족과 관련하여 제품과 서비스에 대해 소비자들 사이에서 이루어지는 비정형적인 의사소통을 구전이라 하였고, Anderson (1998)은 고객만족 또는 불만족과 구전활동은 U자형 관계를 가져 만족이나 불만족 수준이 높을수록 구전활동도 보다 활발하며, 특히 부정적 구전이 긍정적 구전보다 파급력이 더 크다고 밝혔다. 즉, 고객의 구매 후 행동은 제품이나 서비스 사용 결과에 따른 만족 또는 불만족에 대한 반응으로, 대표적인 구매 후 행동인 구전의도는 그것이 긍정적이든 부정적이든 신규고객 창출에 직접적인 영향력을 발휘하며 그 중에서 긍정적인 구전의도를 추천의도라고 할 수 있겠다. 이러한 선행연구들을 토대로 본 연구에서는 고객만족은 고객충성도에 긍정적인 영향을 미치며 관계지속의도도 추천의도에 긍정적인 영향을 미치는 것으로 보고 연구가설을 다음과 같이 설정하였다.

H5 : 고객만족은 관계지속의도에 정(+)의 영향을 미칠 것이다.
H6 : 고객만족은 추천의도에 정(+)의 영향을 미칠 것이다.
H7 : 관계지속의도는 추천의도에 정(+)의 영향을 미칠 것이다.

〈표 4〉에는 본 연구에 사용된 측정변수들의 조작적 정의와 데이터를 수집하기 위한 설문문항 내용들이 제시되고 있다.

❙표 4❙ 측정 변수의 조작적 정의와 설문문항

측정변수	조작적 정의	설문문항 요약
상호작용 품질	고객이 인식하는 서비스 제공 직원의 전문성, 공감성, 반응성에 대한 관계품질	금융시장 · 금융상품 · 자산배분 등에 대한 충분한 지식 보유
		능숙하고 정확한 일처리
		세심한 관심과 고객의 입장에서 처리
		조리 있고 쉬운 설명
		고객의 불평불만 적극해결 태도
결과품질	서비스 전달과정을 거친 금융상품, 자산관리관련 정보가 고객의 기대를 충족시킨 수준	기대 대비 양호한 금융상품 수익률
		기대 대비 양호한 수수료 수준
		유용한 금융시장 및 금융상품 정보
		세무 · 부동산 상담 등 유용한 자산관리관련 부대 서비스
물리적 환경품질	서비스 전달의 배경이 되는 물적 시설의 목적 적합도 수준	위치나 주차환경의 양호한 접근성
		내부시설 및 분위기의 업무내용 조화성
		고객관리 지원시스템과 인프라의 양호성

측정변수	조작적 정의	설문문항 요약
		궁금증 · 문제 해결을 위한 홈페이지 방문, 전화 등에 의한 해소 용이성
인적배경 품질	서비스 제공 전담직원 또는 전담직원 선정 절차상의 외형적 기초 여건	학력, 경력, 자산관리 자격증, 전담직원 선택권 · 교체권
고객만족	금융상품이나 서비스에 대한 소비경험 후 고객이 평가하는 인지적, 정서적 심리상태	현재 거래에 전반적 만족
		현재 거래의 유익성
		현재 거래의 기대 충족성
		타 거래은행 대비 만족성
관계지속 의도	고객이 미래의 거래가 만족스러울 것으로 기대하고 계속 거래 관계를 유지하고자 하는 태도	계속이용 의사
		거래비중 증가 의향
		타행의 더 낮은 수수료 제시 시에도 계속이용 의사
		타행의 더 높은 수익률 제시 시에도 계속이용 의사
추천의도	자신의 이용경험을 토대로 지인에게도 이용을 권하고자 하는 태도	지인 이용 권유
		지인에 대한 긍정적 전파
		추천 요청 지인에 대한 추천
		주변 지인에 대해 자주 언급

4. 분석 방법과 데이터 수집

이상의 주요 선행연구들을 바탕으로 연구목적을 고려하여 은행 자산관리 서비스품질, 고객만족도 및 고객충성도 측정과 분석을 위한 설문항목들로 설문지를 구성하였다. 자산관리 서비스 품질은 상호작용품질, 결과품질, 물리적 환경품질, 인적배경품질로 세부 설문항목을 나누었으며, 특히 프리미엄 자산관리 서비스의 산업적 특수성을 반영하고 정확한 측정을 수행하기 위하여 상호작용품질에 대해서는 12개의 측정항목으로 우선 전담직원의 전문성, 공감성, 반응성을 각각 측정한 후 이 세 가지 항목을 통해 프리미엄 자산관리 서비스의 상호작용품질을 측정하였다. 이 때 사용된 방법이 2단계접근법(two-step approach)으로, 실무상 투입 변수가 많거나 이론 정립보다는 실무적 경험에 의한 모델 정립이 필요할 경우 사용된다(Bergkvist & Rossiter, 2007; Stratman & Roth, 2002). 일반적으로 2단계접근법은 측정모델에 대한 확인적 요인분석으로 타당성을 검증한 후 각 잠재변수를 설명하는 측정변수들을 평균 또는 조합하여 하나의 항목으로 만든 다음 이들로 구성된 새로운 측정항목으로 경로분석을 수행하게 된다(Schreiber et al., 2006).

본 연구에서는 다단계(multi-stage) 요인분석을 통해(Stratman & Roth, 2002) 12개의 측정 항목들을 세 가지의 상위 항목(전문성, 공감성, 반응성)으로 각각 요인분석하고, 해당하는 요인분석 결과를 활용해 경로 분석의 세부 측정항목으로 활용하였다. 고객만족도는 전반적인 만족도, 유익함의 정도, 기대대비 만족도 등으로, 고객충성도는 관계지속의도와 추천의도로 나누어 연구모형의 측정항목으로 사용하였다. 구조방정식 모델 분석은 다변량 분석기법 중 요인분석과 회귀분석을 결합한 분석방법으로 사전설정, 모델검증, 잠재변수의 측정, 변수들간 관계를 동시에 분석하는 등의 장점을 지닌 유연한 분석 방법론이다. 본 연구에서는 경로분석을 위해 PLS(Partial Least Square) 방법론을 도입했는데, AMOS나 LISREL 등 기존 구조방정식 분석 방법론과 달리 부분최소자승법으로 모수를 추정하기 때문에 변수들 간 선형관계에 대한 가정 외에 별다른 제약이 없다(Gefen et al., 2000). 이런 장점을 활용하여 복잡한 경영환경의 인과관계를 검증하기 위해 실무적인 관점에서 PLS를 도입한 연구가 다양한 분야에서 진행되고 있다(Bergkvist & Rossiter, 2007; Hair et al., 2011).

설문은 모 은행의 전국 소재 22개 PB센터 중 21개 센터를 이용하는 PB고객들을 대상으로 하여 실시하였다. 이를 위한 표본 수집은 2015년 7월27일부터 8월 28일까지 각 PB센터에 의뢰하여 동 기간 중 해당 PB센터를 방문하는 고객에 대해 무기명 설문방식으로 진행되었다. 본 연구의 연구내용과 관련된 측정 항목들은 리커트 5점 척도(1=전혀 아니다, 2=아니다, 3=보통이다, 4=그렇다, 5=매우 그렇다)를 사용하여 측정하였다. 결과적으로 설문지는 총 226부가 회수되었으며, 회수한 설문지들 중 응답이 충실하지 않은 데이터와 중복응답 데이터를 제거한 후 185부를 유효 표본으로 선정하여 분석에 사용하였다. 이렇게 수집된 설문 데이터에 대해 SPSS 23버전을 사용하여 빈도분석, 신뢰도분석 등을 수행했으며, PLS-graph 3.0 프로그램을 활용해 경로 분석 결과를 도출하였다.

5. 분석 결과

(1) 표본의 인구통계학적인 특성

설문 응답자 중 남성은 분석에 사용된 185명의 인원 중 46.5%로 86명을 차지하고 있으며, 여성은 53.5%로 99명을 차지하고 있다. 설문 응답자의 나이별 분포를 살펴보면 30세 이하가 3명, 30~39세가 12명, 40~49세가 48명, 50~59세가 64명, 그리고 60세 이상이 64명으로 나뉘어져 있다. 이 은행에 예치한 금융자산의 규모 측면에서 보면 1~3억 원은 전체 응답자 중 9명으로 4.9%를 차지하고 있으며, 3~5억 원은 33명으로 17.8%를 나타내고 있다. 그리고 5~10억 원은 84명으로 전체의 45.4%를 구성하며 10~30억 원은 39명으로 21.1%, 30억 원 이상은 20명으로 10.8%를 차지하고 있다. 마지막으로 프리미엄 자산관리 서비스 이용기간에 따른 설문응답자의 특성을 살펴보면 전체의 1.6%인 3명이 1년 이하의 서비스를 받은 것으로 나타났고, 6.5%인 12명이 1~3년 동안 프리미엄 자산관리 서비스를 받은 것으로 나타났다. 또한 3~5년 동안 서비스를 받은 인원은 전체의 34.1%로 63명을 차지하고 있고 5~10년은 75명으로 40.5%를, 10년 이상은 17명으로 전체의 9.2%를 구성하고 있다. 설문응답자의 자세한 인구통계학적 분포는 아래 〈표 5〉에 제시하였다.

| 표 5 | 설문응답자의 인구통계학적 특성

	분류	인원	비율(%)
성별	남성	86	46.5
	여성	99	53.5
나이	30세 이하	3	1.6
	30 ~ 39	12	6.5
	40 ~ 49	48	25.9
	50 ~ 59	64	34.6
	60세 이상	58	31.4
자산 규모 (단위: 억원)	1 ~ 3	9	4.9
	3 ~ 5	33	17.8
	5 ~ 10	84	45.4
	10 ~ 30	39	21.1
	30억 이상	20	10.8
프리미엄 자산관리 서비스 이용기간 (단위: 년)	1년 이하	3	1.6
	1 ~ 3	27	14.6
	3 ~ 5	63	34.1
	5 ~ 10	75	40.5
	10년 이상	17	9.2

(2) 신뢰도 및 타당성 분석

본 연구는 Chin(1998)이 제시한 분석의 과정을 따라 측정변수들의 타당성과 신뢰성을 측정하였다. 우선 측정변수의 타당성과 측정의 일관성을 검증하기 위해 Cronbach's alpha와 Composit reliability(CR)를 측정하였다. 분석 결과 Cronbach's alpha와 CR 모두 0.7을 넘기는 것으로 나타나고 있는데 이것은 기존 연구에서 제시한 타당성의 기준을 상회하는 수준으로(Nunnally &

Bernstein, 1994), 연구 모형의 각 변수 측정이 적절하게 이루어졌음을 보여준다. 다음으로 수렴타당성을 측정하기 위해 CR 값과 AVE(Average Variance Extracted) 값을 데이터를 통해 검증하였다. 분석 결과, 모든 변수들의 CR값이 수렴타당성 적합성의 기준치인 0.7 이상인 것으로 나타났으며(Hair et al., 1998), AVE 값 모두 0.5 이상으로 기존 연구에서 제시한 타당성의 기준 이상을 상회하는 것으로 나타났다 (Fornell & Lacker, 1981). 구체적인 세부 값들에 대한 정보는 〈표 6〉에 제시하였다.

▌표 6▌ 연구 모형 측정항목의 신뢰도와 타당성 측정 결과

변수	Cronbach's Alpha	Composite Reliability (CR)	Average Variance Extracted (AVE)
상호작용품질	0.7447	0.8658	0.6829
결과 품질	0.7666	0.8651	0.6813
물리적 환경품질	0.8676	0.9164	0.7855
인적 배경 품질	0.9112	0.9445	0.8504
고객 만족	0.7511	0.8575	0.6677
관계지속 의도	0.8216	0.8826	0.6541
추천 의도	0.8441	0.9061	0.7631

다음 단계로 변수들 간의 판별 타당성을 검증하기 위해 Fornell & Larcker (1981)가 제시한 방법론을 따라 분석을 수행하였다. 판별 타당성은 각 변수의 AVE 제곱근을 활용해 검증되는데 AVE 제곱근 값이 다른 변수와의 상관계수 값들보다 클 경우 연구 모형의 판별 타당성이 확보되어 있다고 할 수 있다. 〈표 7〉에서 제시된 것처럼 분석결과 모든 변수들의 AVE 제곱근 값이 해당 변수와 연구 모형의 다른 변수 사이의 상관계수보다 큰 것으로 나타났다. 또한 교차 요인분석을 통해

집중 타당도와 판별 타당도를 측정할 수 있다(Gefen et al., 2000). 〈표 8〉에서 제시한 정보를 기반으로 한 분석 결과 각각의 해당 변수의 측정 항목들의 요인 적재량이 다른 변수에 요인 적재하는 정도보다 높기 때문에 이상의 분석 과정을 통해 연구 모델의 집중 타당도와 판별 타당도가 확보됐다고 할 수 있겠다.

▌표 7▌ 연구 모형 측정항목의 신뢰도와 타당성 측정 결과

	상호작용 품질	결과 품질	물리적 환경 품질	인적 배경 품질	고객 만족	관계지속 의도	추천 의도	$\sqrt{AVE}$
상호작용 품질	0.89							0.8264
결과 품질	0.4089	0.92						0.8254
물리적 환경품질	0.3613	0.4024	0.83					0.8863
인적 배경 품질	0.3896	0.4441	0.4018	0.81				0.9222
고객 만족	0.4388	0.4568	0.4363	0.4826	0.87			0.8171
관계지속 의도	0.4202	0.4566	0.4928	0.4495	0.4464	0.82		0.8088
추천 의도	0.2433	0.2235	0.1375	0.2335	0.1840	0.163	0.83	0.8736

▌표 8▌ 측정 항목 요인 적재량 분석 결과

	상호작용 품질	결과 품질	물리적 환경 품질	인적 배경 품질	고객 만족	관계 지속 의도	추천 의도
상호품질1	0.9172	0.3884	0.3111	0.3272	0.3594	0.4148	0.2180
상호품질2	0.8924	0.3606	0.3469	0.3694	0.4476	0.3432	0.2644
상호품질3	0.9081	0.3326	0.3037	0.3020	0.3809	0.3799	0.2021
결과품질1	0.3651	0.8209	0.3114	0.3734	0.3541	0.3550	0.1687
결과품질2	0.4120	0.9514	0.3702	0.3971	0.4267	0.3989	0.1849
결과품질3	0.3858	0.9412	0.3676	0.4151	0.4207	0.4231	0.2147
결과품질4	0.3329	0.8719	0.3747	0.4153	0.4156	0.4400	0.2178
물리품질1	0.3129	0.3876	0.8377	0.3662	0.3732	0.4147	0.1654
물리품질2	0.3293	0.2818	0.8115	0.3294	0.3684	0.4131	0.0679
물리품질3	0.2467	0.3232	0.8268	0.2938	0.3358	0.3905	0.1032
물리품질4	0.3418	0.4422	0.8704	0.3415	0.3913	0.4200	0.1933
인적품질1	0.3590	0.3927	0.3415	0.8609	0.4118	0.3899	0.2327
인적품질2	0.3231	0.3257	0.3061	0.7862	0.3852	0.3319	0.2080
인적품질3	0.2217	0.2553	0.3118	0.7069	0.3764	0.3015	0.1085
인적품질4	0.3673	0.3862	0.3377	0.8285	0.4133	0.3834	0.1631
고객만족1	0.3982	0.4197	0.4061	0.4566	0.9034	0.4196	0.1629
고객만족2	0.3836	0.3902	0.3974	0.3926	0.8871	0.3651	0.1565
고객만족3	0.3718	0.3961	0.4550	0.3815	0.8643	0.3528	0.1457
고객만족4	0.3596	0.3856	0.3947	0.3717	0.7965	0.3414	0.1107
관계의도1	0.2920	0.3322	0.3534	0.3459	0.3138	0.7885	0.1465
관계의도2	0.2149	0.2310	0.1149	0.1979	0.1412	0.8416	0.1301
관계의도3	0.1618	0.1310	0.0753	0.1802	0.0860	0.7791	0.0971
관계의도4	0.2187	0.1843	0.1402	0.2000	0.2083	0.8564	0.1638
추천의도1	0.2436	0.1890	0.1678	0.2341	0.2308	0.2896	0.7611
추천의도2	0.3371	0.3192	0.2527	0.3202	0.2476	0.2896	0.8200
추천의도3	0.2485	0.1674	0.1621	0.1756	0.1278	0.1580	0.8143
추천의도4	0.2637	0.2405	0.2184	0.2438	0.1795	0.1922	0.7864

(3) 경로 분석과 가설 검증

경로 분석 결과 PB 서비스의 상호작용품질이 고객 만족에 긍정적인 효과를 미치는 것으로 나타났으며(β=0.238, p-value<0.01), 결과품질 또한 고객 만족에 긍정적이면서 통계적으로 유의한 관계가 있는 것으로 분석되었다(β=0.132, p-value<0.001). PB 서비스의 물리적 환경품질 또한 고객만족에 긍정적인 영향을 미치는 것으로 나타났으나(β=0.107, p-value<0.05), 인적 배경품질과 고객 만족의 관계는 통계적으로 유의미한 결과로 이어지지 않았다. 경로 분석 결과 PB에 대한 고객만족은 관계지속의도에 긍정적인 영향을 미치는 것으로 나타났다(β=0.381, p-value<0.001). 그리고 고객만족과 관계지속의도 모두 추천의도에 긍정적인 영향을 미치는 것으로 분석되었다(β=0.279, p-value<0.01; β=0.213, p-value<0.01).

연구 모델을 구성하고 있는 설명변수들의 종속변수에 대한 설명력 측면에서 고객만족이 종속변수일 때의 R^2은 0.423을 나타냈으며, 관계지속의도가 종속변수일 때의 설명변수에 대한 R^2은 0.219를 나타냈다. 마지막으로, PB 서비스에 대한 추천의도가 종속변수일 때 관련 설명 변수들에 대한 설명력 R^2은 0.376으로 나타났다. 경로 분석 결과에 대한 사항은 〈표 9〉와 〈그림 2〉에 제시하였다.

| 표 9 | 경로 분석 결과

종속변수	고객만족	관계지속의도	추천의도
경로분석			
상호작용 품질	0.238^{**}		
결과 품질	0.132^{***}		
물리적 환경 품질	0.107^{*}		
인적 배경 품질	0.071^{ns}		
고객 만족		0.381^{***}	0.279^{**}
관계 지속 의도			0.213^{**}
R^2	**0.423**	**0.219**	**0.376**

Notes:

*: p<0.05|**: p<0.01 | ***: p<0.001 | n.s.: not significant

▌그림 2▌ 연구 모형 경로 분석 결과

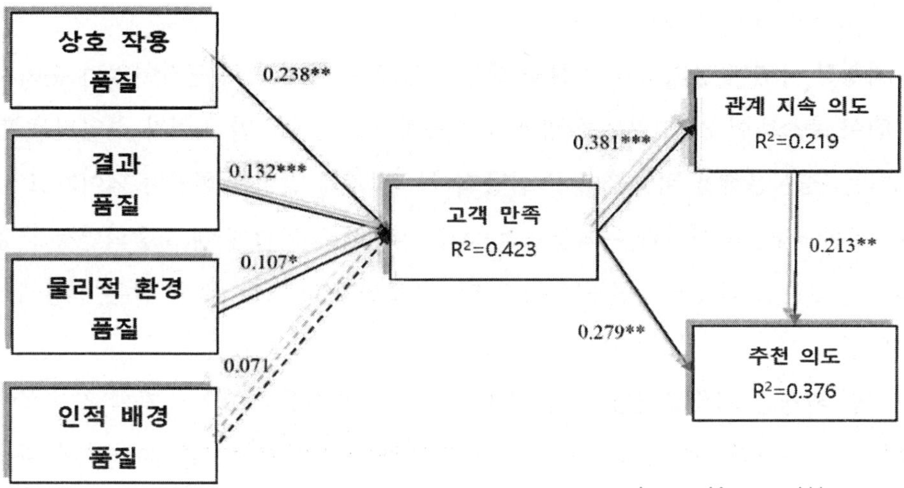

*: p〈0.05|**: p〈0.01 | ***: p〈0.001

이상의 분석 결과를 바탕으로 가설 검정을 수행한 결과 가설 1과 가설 2 그리고 가설 3은 채택되었고, 가설 4는 기각되는 것으로 나타났다. 더불어 가설 5와 가설 6, 가설 7은 모두 통계적으로 유의미한 결과를 나타내 채택되었다. 이상의 결과를 종합해 보면 다음 〈표 10〉과 같다.

▌표 10▌ 가설 검증 결과

가설	내용	결과
H1	상호작용품질은 고객만족에 정(+)의 영향을 미칠 것이다.	채택
H2	결과품질은 고객만족에 정(+)의 영향을 미칠 것이다.	채택
H3	물리적 환경품질은 고객만족에 정(+)의 영향을 미칠 것이다.	채택
H4	인적배경품질은 고객만족에 정(+)의 영향을 미칠 것이다.	기각
H5	고객만족은 관계지속의도에 정(+)의 영향을 미칠 것이다.	채택
H6	고객만족은 추천의도에 정(+)의 영향을 미칠 것이다.	채택
H7	관계지속의도는 추천의도에 정(+)의 영향을 미칠 것이다.	채택

6. 작은 맺음말

저성장 국면이 장기화할 조짐을 보이고 있고 은행 수익의 근간이었던 순이자 마진이 축소되어 가고 있는 상황에서 지속적으로 안정적인 비이자 수익원을 확보하는 것은 은행을 비롯한 많은 금융회사들의 가장 절실한 현안이 되어가고 있다. 또한, 저금리 환경과 은퇴인구의 증가, 장기생존 위험 등에 노출되면서 금융회사의 많은 고객들도 자산관리 측면에서 애로를 겪고 있다. 이와 같은 상황에서 수익구조상의 위기를 극복하고 자산관리 문제에 대해 관심이 증가되어 가는 외부적인 환경을 기회로 활용하기 위해 많은 금융회사들이 고부가가치 잠재성에 주목하여 중점적으로 육성하고 있는 금융 영역 중 하나가 WM분야이다. 이 시장이 성장해 가는 과정에서 경쟁력을 확보하기 위해서는 고객의 시각에서 투영된 핵심적인 만족요인에 대한 명확한 이해와 준비가 중요하게 부각되고 있다. 더욱이 WM산업의 발전과정에서 거액의 금융자산 보유 고객에 대한 프리미엄 자산관리 서비스는 주로 전담직원과의 대면접촉 채널을 기반으로, 일반 대중의 자산관리 니즈는 주로 로보 어드바이저 등이 지원하는 방향으로 전개될 것으로 보인다. 이에 따라 다른 고급 서비스 업종과 마찬가지로 프리미엄 자산관리 분야에서도 브랜드의 가치가 제공하는 경쟁우위의 효과는 매우 위력적인데, 그것은 전담직원에 의해 장기간에 걸쳐 제공되는 서비스의 품질이 고객에게 어떻게 인식되고 있는가와 밀접하게 연관된다. 이를 바탕으로 본 연구는 은행의 프리미엄 자산관리 서비스품질이 고객만족을 매개로 관계지속의도 및 추천의도에 긍정적인 영향을 미칠 수 있음을 확인하였다. 특히 서비스품질 중에서도 자산관리의 본질적인 경쟁요소는 결과품질에 있으며, 우수한 결과품질을 창출하는데 연결고리가 되는 상호작용품질 역시 고객만족과 깊은 관계가 있음을 보여 주고 있다. 반면에 인적배경품질은 결과품질과의 직접적인 관련성이 낮다는 점 때문에 고객만족과 유의미한 관계를 보여주지 못한 것으로 파악된다.

이러한 연구 결과를 바탕으로 본 연구에서는 다음과 같은 시사점을 찾아볼 수 있겠다. 첫째, 프리미엄 자산관리 시장에서 고객들은 전담직원의 잦은 교체보다는 긴밀한 정보공유를 기반으로 한 중장기적인 신뢰관계를 중시한다는 점에서 관련 서비스기업의 고객중심적인 인력운영 정책이 요구된다(Lam et al., 2010). 고자산 보유 고객일수록 포트폴리오 구성 내역이나 경과가 복잡하고 자산관리관련 현안들이 많아 거래 금융회사에서 전담직원을 자주 교체할 경우 새로운 관계 형성과정에서 피로감을 느낄 수 있으며, 고객만족 저해요인으로 작용할 수 있다. 둘째, 각종 수수료나 거래비용을 공제한 후의 투자실현수익률은 고객만족의 핵심요인으로, 자산관리부문을 육성하고자 하는 금융회사들이라면 중점적으로 관심을 가질 필요가 있다. 고자산 보유고객은 대체로 다수의 금융회사와 중복하여 거래를 하는데, 투자수익률에 있어서 비교 금융회사 대비 안정적인 우위를 시현할 수 있다면 장기적인 성장에 결정적인 무기를 가지게 되는 셈이다.

이와 관련하여 만약 수익률 면에서 원하지 않는 결과가 나왔을 때 고객과의 관계가 서먹해지는 것은 물론 프라이빗 뱅커가 겪어야 하는 심리적인 부담감이 얼마나 클 수 있는지 영업현장의 목소리를 들어 보자.

"나는 펀드는 안 해", "나는 원금에 손실이 나는 상품은 좋아하지 않아, 나한테 그런 것은 권유하지 마", "내가 금융소득종합과세 대상자가 되면 큰일이 나"

고객들과 만나다 보면 이런 얘기를 많이 듣게 되는데 대체로 그 분들의 벤치마크는 이웃집 지인의 수익률인 경우가 많습니다. 어느 날 조용히 자금을 인출해 가는 고객들이 종종 있는데 왜 그러시냐고 물으면 "당신들은 그런 상품을 소개해 주지 않아서", "나한테 관심을 주지 않아서" 등으로 제 마음을 아프게 하는 분들이 있습니다.

이런 행동 속에 숨은 고객의 진정한 의도는 전담직원으로부터의 본인에 대한 관심일지도 모릅니다.

물론 고객도 나름대로 할 말이 많겠지만 우리가 포트폴리오를 짜고 정기적인 미팅을 통해 계속 조정해 나가는, 제대로 된 자산관리를 수행하는 일이 쉽지만은 않은 것이 현실입니다. 혹여 마이너스 수익률이 발생하면 이러지도 저러지도 못하는 경우가 생기고 고객과의 관계는 서로 불편하고 소원해지기 쉽습니다.

프라이빗 뱅커가 직면하는 리스크는 수익률이 기대보다 훨씬 못 미치거나 심지어 원금손실에까지 이어져 관리자산이 줄어들고 고객이 이탈하는 것입니다. 마이너스 수익률을 가진 펀드를 과감히 털고 다른 것으로 갈아타는 것은 고객의 입장에서 볼 때 생각만큼 그리 수용도가 높지 않습니다. 제가 경험한 프라이빗 뱅커로서 가장 힘들었던 일은 권유했던 고객의 펀드가 계속 마이너스 수익률 상태가 되어 마냥 넋을 놓고 기다리는 경우입니다. 쉽지 않은 영역입니다.

셋째, 프리미엄 자산관리 서비스업에 있어서 상호작용과정을 통해 고객에게 인식되는 전담직원의 총체적 역량이 고객만족과 고객충성도에 미치는 영향은 매우 지대하다. 역량수준은 전담직원 자체의 전문성이나 고객응대 태도 이외에도 직원을 통해 드러나는 본부의 시장정보 및 우량상품 공급 능력과 업무프로세스, 하드웨어적인 지원 등을 포함하는 개념이 될 것이다. 따라서 기업으로서는 내부적인 고객지원 시스템 구축과 병행하여 합리적인 평가시스템, 인센티브, 교육프로그램 등 전담직원의 역량을 높일 수 있는 외재적, 내재적 보상체계를 제대로 구비할 필요가 있겠다(왕자이, 한진수, 2012). 넷째, 학력이나 자산관리 자격증 보유 여부 등 전담직원의 외형적인 프로파일은 고객만족과 유의성이 없는 것으로 나타났다. 우선 독립사업자가 아닌 금융회사에 소속된 전담직원의 경우 대체로 개인적인 경력, 학력 등을 고객에게 알리거나 고객으로부터 제시요구 받는 때가 드물어 인적배경품질 자체가 이슈화되기 어려운 현실이다. 그리고 금융자산관리시장 담당직원의 경쟁력은 국내외 금융, 경제상황의 내용과 흐름을 지속적으로 최신화 하고 고객과 끊임없이 정보를 공유하는 과정에서 생성되며, 아무리 인적배경이 뛰어나더라도 후행노력이 수반되지 않으면 고객만족 요인으로 작용하기 어려운 상황에 기인하는 것으로 보인다. 또 프리미엄 자산관리의 성격상 서비스품질요인 중 직접적이고 최종적인 고객만족 요인은 결과품질이며 그 전 단계에 위치한 상호작용품질이나 물리적 환경품질도 고객만족에 기여하는데 반해 결과품질 등과 직접 연결되지 않은 인적 배경품질 자체만으로는 고객만족과의 연계성이 미미하기 때문인 것으로 풀이된다. 마지막으로, 고객만족은 관계지속의도와 추천의도에 긍정적인 영향을 미치는 것으로 확인되었다. 프리미엄 자산관리 영역에서 신규고객 유치에 소요되는 과다한 비용을 감안하면 고객만족이 기존고객 유지 및 기존고객의 추천에 의한 신규고객 발굴을 통해 금융회사의 기반 확대는 물론 순부가가치 창출에도 비용 효율적임을 알 수 있다.

Chapter 03

실증연구 : 자산규모의 조절효과에 대하여

1. 연구의 목적과 의의

2015년말 기준으로 총 금융자산을 10억원 이상 보유한 한국의 부자는 약 21만 1천명으로 전년 대비 15.6% 증가했으며, 2011년 이후 매년 약 10%씩 증가하고 있다. 한국 가계의 평균 자산 구성은 금융자산 26.5%, 거주 주택을 포함한 부동산자산 비중이 68.2%인 반면, 부자의 보유자산 구성비는 금융자산 43.6%, 부동산자산 51.4%, 기타자산 5.0%으로 전체 가계 평균에 비해 금융자산의 비중이 매우 높은 편이다. 더구나 〈그림 3〉에서 보는 것처럼 부자의 부동산자산 비중은 감소하고 금융자산 비중이 증가하는 추세는 2012년 이후 지속되고 있으며 이러한 경향은 더욱 뚜렷해지고 있다. 이것은 또 다른 연구에서도 〈그림 4〉에서처럼 정부의 부동산 살리기 정책이 활성화된 2015년을 제외하고 2008년부터 최근 7년간 부자들의 부동산자산 비중이 하락하는 모습을 보인 것과 일맥상통한다.

▌그림 3▐ 자산구성비의 변화

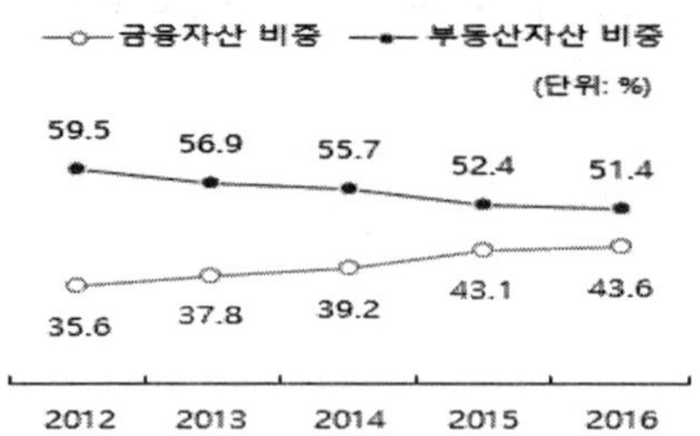

(출처 : 2016한국부자보고서, KB금융지주경영연구소)

▌그림 4▐ 전체자산 중 부동산자산 비중

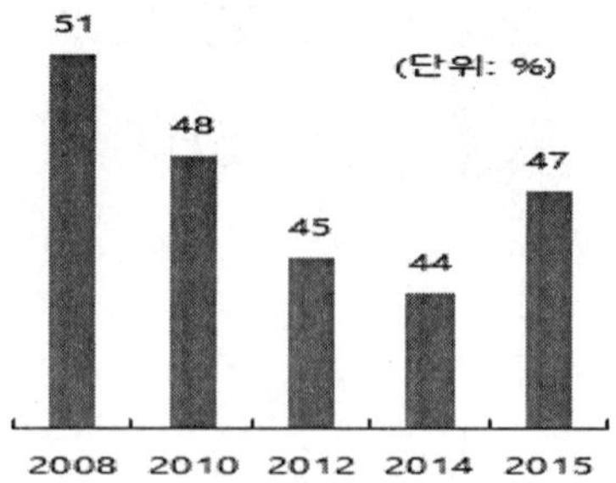

(출처 : 2015 Korean Wealth Report, KEB하나은행)

〈그림 5〉에서와 같이 사업체를 운영하거나 부모로부터의 증여 또는 상속은 부자들의 주된 자산형성 경로로 꾸준히 증가하고 있으나 부동산 투자에 의한 자산 축적은 2011년 45.8%에서 2016년 21.0%로 감소하고 있다. 이것은 한국사회의 저성장과 고령화 추세를 반영한 결과이자 금융자산 비중 증가의 한 요인으로 보이며, 이런 현상을 글로벌 부자들로 일반화하기에는 한계가 있겠다.

▌그림 5▐ 현재 자산 축적방법의 변화

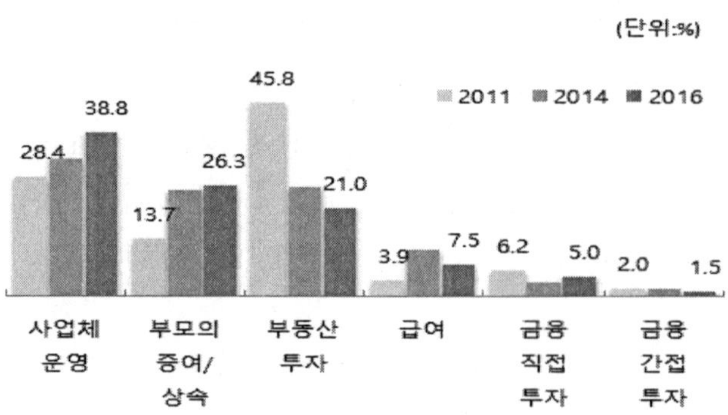

(출처 : 2016한국부자보고서, KB금융지주경영연구소)

그러나 글로벌 WM시장이 성장을 지속하고 있는 가운데 〈그림 6〉에서 보는 바와 같이 특히 일본을 제외한 아시아·태평양지역 WM시장의 성장이 두드러져 2013년 아시아·태평양지역 WM시장 규모는 8.8조 달러로 2008년 대비 무려

114.6% 성장하였고, 글로벌시장의 17.2%를 차지하고 있으며 앞으로도 높은 성장세가 예상되어 한국도 아시아·태평양지역의 WM시장과는 유사한 면이 많은 것으로 보인다.

한국의 부자들은 〈그림 7〉에서와 같이 총자산이 많을수록 대부분 투자 상품의 보유율이 크게 증가하는 경향이 있으며, 〈그림 8〉에서 보는 바와 같이 금융자산 전체에 대한 연평균 기대수익률은 7.6%인 반면에 실제 수익률은 4.2% 수준으로 3.4%p의 차이를 보이는 것으로 나타났다.

〖그림 6〗 지역별 HNWIs(High Net Worth Individuals)의 자산과 대상자 규모

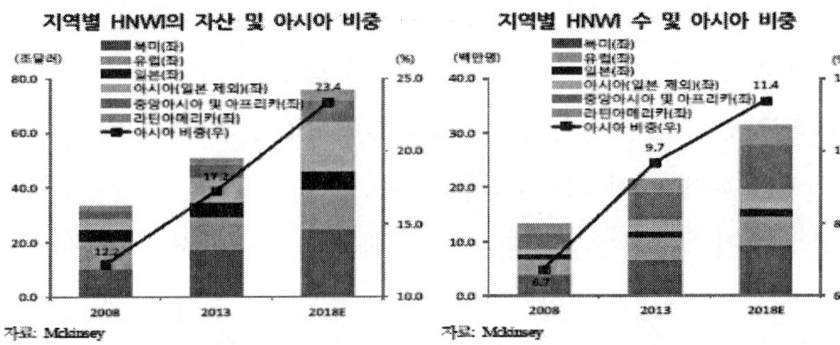

(출처 : 2015 아시아 WM시장의 성장과 글로벌 은행들의 전략, 우리금융 경영연구소(WFRI))

〖그림 7〗 총자산 규모별 주요 금융 투자상품 보유자 비율

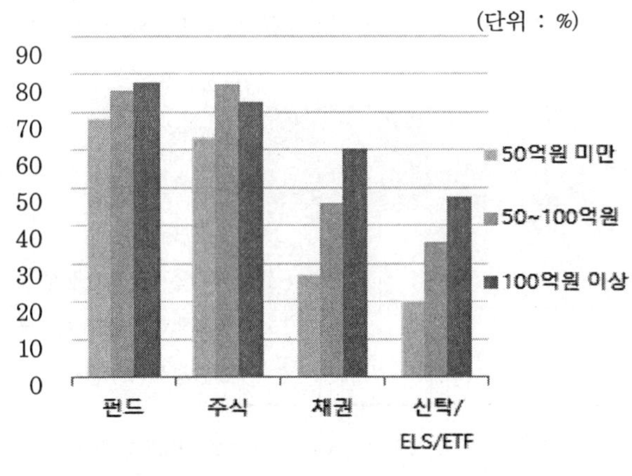

(출처 : 2016한국부자보고서, KB금융지주경영연구소)

┃그림 8┃ 금융투자 기대 및 실제 수익률

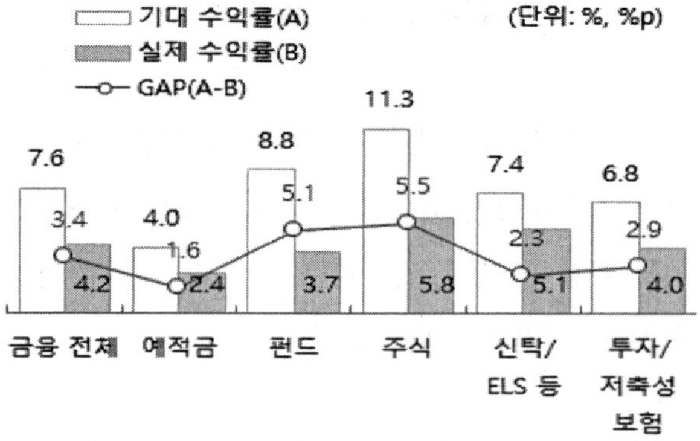

(출처 : 2016한국부자보고서, KB금융지주경영연구소)

이를 종합해 볼 때 부자들은 투자형 금융상품을 통해 적정수익률을 확보할 수 있기를 바라고 있으며, 이런 현상은 〈그림 9〉에서와 같이 노후자금을 위한 금융상품을 선택할 때에 안정적인 수익률의 중요성을 강조한 것에서도 확인된다.

이와 같이 특정 자산군에 편중된 투자나 예금 위주의 안전한 투자만으로는 적정수익을 확보하기 어렵다는 인식이 확산됨에 따라 부자들에게는 금융상품뿐 아니라 부동산 자산을 포함한 전체 포트폴리오를 통합적으로 설계, 관리하고자 하는 필요성이 증대되고 있다. 반면에 자신의 금융상품 및 투자관련 지식 수준에

┃그림 9┃ 노후자금 금융상품 선택시 중요 고려사항

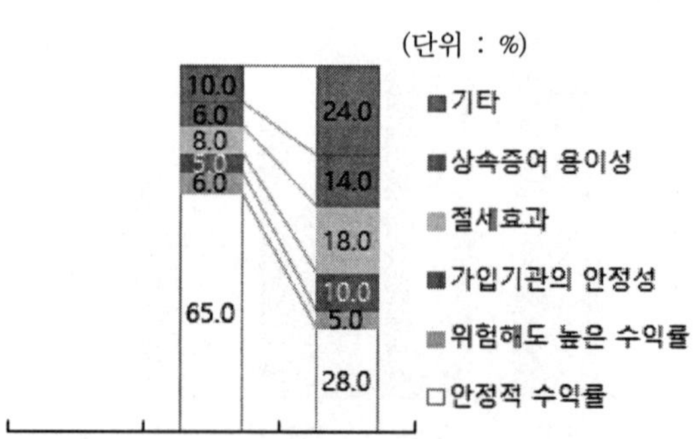

(출처 : 2015 Korean Wealth Report, KEB하나은행)

대해서는 자산규모가 클수록 높다고 인식하는 경향이 있지만 평균적으로는 약 58% 정도로 충분하지 않음을 보여주고 있다.

이와 같이 부자의 수 및 보유 금융자산의 양적 증가 추세와 체계적인 자산관리에 대한 필요성이 확대되는 상황에서 한국의 주요 은행들이 당면한 어려움을 헤쳐 나갈 핵심 분야의 하나로 WM사업에 집중하고 있는 흐름에 착안하여 본 연구는 은행으로 하여금 자산관리 서비스 경쟁력의 핵심요소가 무엇인지 파악하여 통찰력을 가지는 데에 기여하고자 하였다.

총 이익에서 이자이익이 차지하는 비중이 미국 상업은행은 60%, 일본은 70% 정도인데 비해 한국의 은행들은 90%에 육박하고 있는데, 중앙은행의 기준금리가 연 1%대 초반에 이를 정도로 저금리 기조가 유지되면서 순이자마진율(net interest margin rate)이 줄어들고 있어 은행들이 장기적으로 생존을 염려해야 하는 상황에 놓여 있다. 이에 따라 다수의 은행들은 순이자마진 하락의 충격을 흡수할 완충장치를 마련하기 위해 비이자수익을 안정적으로 확보하는데 경쟁적으로 관심을 갖고 있다.

이와 같은 환경 변화 추세를 반영하고 비이자수익의 비중을 높여 나가기 위해 주요 은행들은 투자성 금융상품 포트폴리오 판매 위주의 WM부문을 중점적으로 육성하고 있는데, 특히 고자산 보유 고객에 대한 자산관리 규모가 커질수록 비용 대비 단위당 비이자수익을 높일 수 있기 때문에 이 고객층 비중을 꾸준히 늘려가고자 노력하고 있다. 보유자산 규모가 크고 포트폴리오 내에 투자상품 편입비율이 높아질수록 리스크 관리가 중요해지면서 고객에게도 믿을 만한 자산관리 전문가와의 일대일 대면 접촉을 통한 정보 공유와 자산관리 실행이 더욱 필요해지고 있다.

그동안 한국에서는 은행·증권·보험·저축은행·신용카드 등 다양한 금융서비스 분야에서 품질관련 연구들이 있었으나 금융 자산관리시장에 국한해서 보면 고객만족 및 차별화와 밀접하게 연관된 서비스품질 요소에 관한 연구가 충분히 이루어지지 못했다. WM 경쟁력 확보를 위해서는 무엇보다 고객만족과 신뢰가 담보되어야 하며, 전담직원을 통해 제공되는 서비스 품질 수준은 해당직원의 개인적인 역량과 더불어 은행내부의 지원시스템이나 프로세스, 문화 등이 전체적으로 통합되어 고객에게 인식될 것이다. 따라서 고객만족 품질요인을 이해하고 확보하며 강화해 나가는 것은 기존 고객과의 관계를 심화하고 지속적으로 신규고객을 확보하려는 은행의 WM부문 육성을 위한 중차대한 과제라고 할 수 있겠다.

┃그림 10┃ 연령대별 모바일뱅킹 사용경험

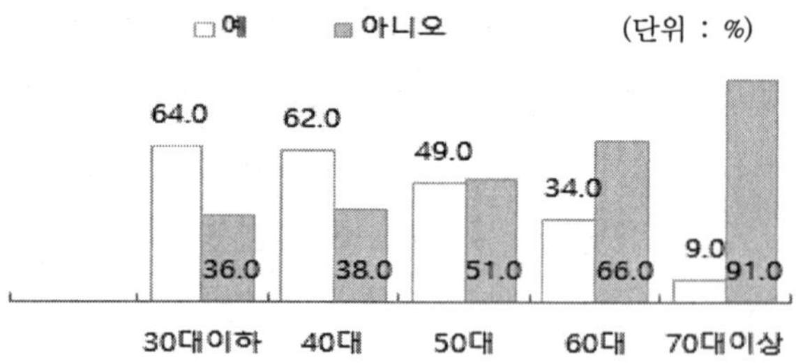

(출처 : 2015 Korean Wealth Report, KEB하나은행)

〈그림 10〉에서 보는 바와 같이 연령대가 낮을수록 모바일환경에 익숙해져 가기 때문에 앞으로 시간이 지날수록 비대면 채널에 의한 금융거래 비중이 증가하면서 모바일·인터넷 뱅킹이나 CD·ATM 등 자동화기기의 시스템 설계 또는 구현능력처럼 서비스 품질 요인들 중에서 물리적 환경품질이 점점 중요해지는 측면도 있다. 그러나 대면채널 의존도가 높은 분야, 그 중에서도 특히 프리미엄 자산관리 분야에 있어서는 고객이 느끼는 전담직원의 인적 역량 수준이 결과품질 등 다른 품질요인들에 대한 인식에까지 영향을 미치는 핵심적인 품질요인이라고 할 수 있다. 이에 따라 그동안 금융관련 선행 연구들이 주로 사용했던 서비스 품질 항목들 중에서 본 연구에서는 상호작용품질에만 국한하여 이것과 고객만족, 추천의도 등 종속변인들과의 관계를 좀 더 명확하게 규명해 보고자 하였다. 즉, 본 연구는 고자산 보유 고객들에 대한 설문조사를 통해 인적 상호작용품질을 중심으로 각 세부 구성요소들의 바람직한 조건과 그들 간의 상호관계를 규명하여

WM사업을 강화하려는 은행들이 특별히 관심을 기울여야 할 부분들을 제시해 보고자 하는 것에 그 목적을 두고 있다.

이에 본 연구는 2008년 글로벌 금융위기 이후 변동성이 확대된 금융시장에서 다양한 투자경험을 겪은 은행 PB센터 이용 고객들을 대상으로 은행의 프리미엄 자산관리 서비스 상호작용품질 수준이 성과에 대한 기대와 고객만족을 매개로 추천의도에 어떤 영향을 미치는가에 대해 자산규모의 조절효과를 중심으로 실증 연구를 실시하고자 하였다. 저금리와 고령화 추세에 따른 자산관리 패러다임의 변화 및 점증하는 금융회사 간 경쟁 속에 고자산 보유 고객들이 중시하는 서비스 품질의 내용을 분석하여 자산관리부문을 확충하려는 개별 금융회사들로 하여금 주로 어떤 부분에 역점을 두어야 경쟁력을 확보할 수 있을지에 대한 발전적인 대안을 제시하려고 한다. 본 연구의 나머지 부분은 다음과 같이 구성되어 있다. 제2절은 한국의 프리미엄 자산관리 서비스의 현재 상황에 대해 기술하고 있으며, 제3절은 이론적 배경에 따라 가설을 설정하여 연구모형을 발전시키고 있다. 제4절에서는 분석적인 절차와 그 결과가, 마지막 제5절에서는 소결론으로 마무리하고 있다.

2. 한국의 프리미엄 자산관리 서비스 현황

통상 순금융자산 1억원 이상의 거액 자산가를 대상으로 하여 프리미엄 자산관리 서비스를 제공하는 한국 주요 은행들의 PB센터 수는 2004년 40개에서 2010년 6월말 101개로 확대되었으며, 예금, 신탁, 수익증권 판매 등 총 수신규모는 2003년말 48.5조원, 2008년말 79.9조원, 2010년 6월말 86.4조원으로 크게 증가하였다. 그러나 2011년 기준으로 세계 최대 PB 은행인 BOA의 2,155조원, 유럽 최대 PB 은행인 UBS의 1,728조원이나 아시아에서 비중이 높은 HSBC의 432조원 등의 운용자산 규모와 비교하면 매우 영세한 수준이다.(서병호, 김우진,

2012)

〈그림 11〉은 금융자산 10억원 이상의 한국 부자의 수와 총 금융자산 규모를 보여주고 있다. 금융자산 10억원 이상의 개인을 프리미엄 자산관리 영업의 근간을 이루는 부자로 정의할 때 2015년말 기준으로 한국의 부자는 약 21만1천명으로 전년대비 약 15.9% 증가하였고, 총 금융자산은 약 476조원으로 전년대비 약 17.3% 증가하였다. 이는 전체 국민의 상위 0.11%가 가계 총 금융자산의 15.3%를 보유하고 있음을 의미하며, 낮은 예금금리로 인한 단기 대기성 자금의 증가와 수익형 금융상품으로의 투자증가, 내수경기 회복, 시중 유동성 확대 등이 영향을 미친 것으로 보인다. 최근 5년간의 연평균 증가율(CAGR)을 보더라도 부자 수는 10.3%, 금융자산은 10.6%로 매년 약 10% 이상의 꾸준한 증가율을 보인 것으로 나타났다. 한편, 2016년 한국 부자의 총자산 구성비는 부동산자산 51.4%, 금융

▌그림 11▐ 한국 부자의 수 및 한국 부자의 총 금융자산 규모

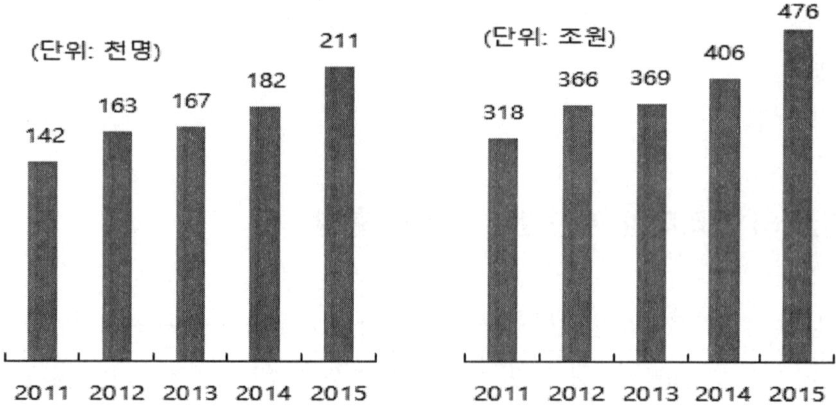

(출처 : 2016한국부자보고서, KB금융지주경영연구소)

자산 43.6%, 기타자산 5.0%로 부동산 비중이 다소 높은 구조를 보이고 있으나 부동산자산 비중은 점차 낮아지는 추세이다. 그리고 한국 부자의 금융자산 포트폴리오의 평균 41.7%는 현금 및 예적금이 차지하고 있으며, 〈그림 12〉에서와 같이 총자산이 많을수록 예적금 비중이 감소하고 신탁, ELS(Equity-Linked

Securities), 채권 등의 투자 비중이 높게 나타났다.

❙그림 12❙ 총자산 규모별 금융자산 포트폴리오 비교

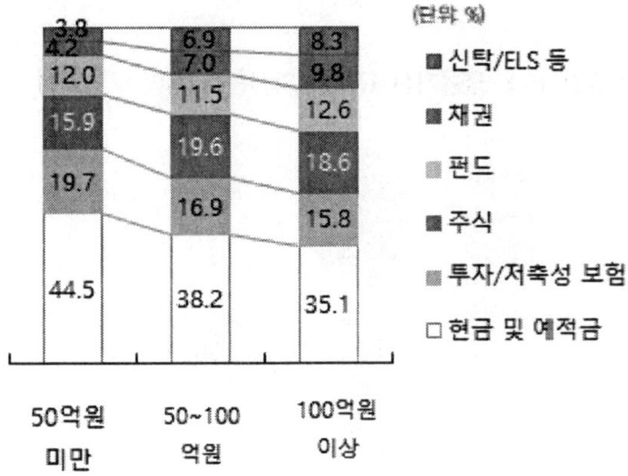

(출처 : 2016한국부자보고서, KB금융지주경영연구소)

또 〈그림 13〉에서와 같이 총자산이 많을수록 투자성 금융상품의 보유비중이 증가하는 현상은 한국에만 국한하지 않고 미국과 유럽에서도 비슷한 모습을 보이고 있으며, 나아가 저금리·저성장·저소비 등으로 대표되는 뉴 노멀(New Normal) 환경이 전 세계적으로 확산되면서 보유 자산규모에 관계없이 자신의 자산을 체계적으로 관리하려는 '자산관리의 대중화' 현상도 본격화되고 있다.

❙그림 13❙ 미국 및 유럽 가계의 금융자산 포트폴리오 구성

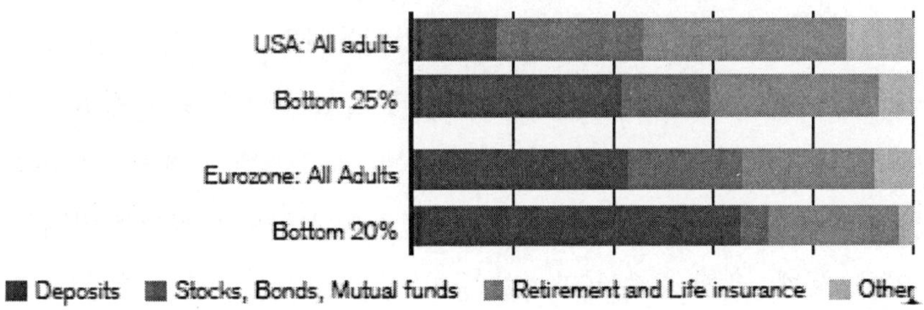

(출처 : CSRI Global Wealth Report 2016)

〈그림 14〉에서 제시되어 있는 것처럼 평균적으로 약 70%이상 한국의 자산가들은 프리미엄 자산관리 서비스가 필요하다고 응답하였으며, 보유 금융자산이 많을수록 필요성 인식 정도가 급격하게 상승하는 경향을 보였다.

┃그림 14┃ 금융자산 규모별 자산관리 서비스 필요성

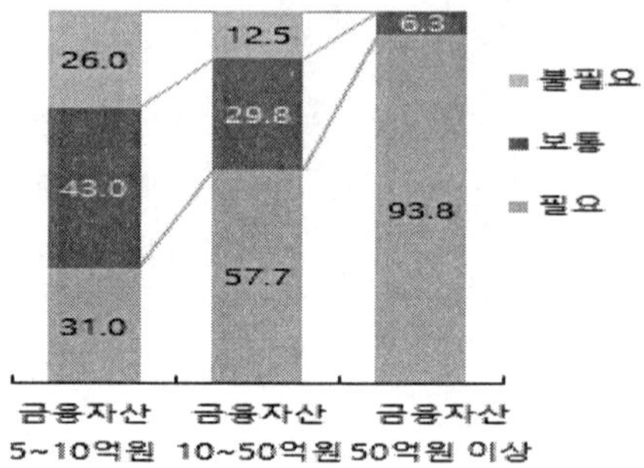

(출처 : 2016한국부자보고서, KB금융지주경영연구소)

이와 같이 한국 자산관리 시장의 높은 성장 전망에도 불구하고 한국의 주요은행 프리미엄 자산관리 사업은 짧은 역사와 미흡한 제도적 기반 등으로 인하여 몇 가지 개선의 여지를 갖고 있다.(서병호, 김우진, 2012) 첫째, 수익구조가 단순하고 취약하여 수익성과 성장성 모두 한계를 지니고 있다. 글로벌 PB은행들은 다양한 금융상품을 직접 개발·운용·판매함으로써 금융상품의 단순 판매에 머물러 있는 한국의 PB은행들보다 수수료율이 상대적으로 높을 뿐 아니라 한국의 경우 무료제공을 당연시하는 시장 분위기로 인하여 투자자문수수료를 수취하지 못하고 있으며, 투자일임수수료 수취도 법이 허용하지 않고 있다. 둘째, 한국의 PB은행들은 후발주자로서 부자고객을 위한 맞춤형 상품의 설계 경험이 부족하고, 운용자산 규모가 영세하여 전용상품 개발, 부가서비스 제공, IT 시스템과 내부통제 시스템 구축 등 고정비용을 감당할 정도로 규모의 경제를 발휘하지 못하고 있다. 셋째, 은행 소속 프라이빗 뱅커(Private Banker)는 증권사, 보험사 등과 달리 계약직이 아닌 정규직이어서 근성이 다소 부족한 편이며, 계열사의 펀드나 방카슈랑스 등을 교차판매할 인센티브가 강해 고객 중심의 자산설계에는 한계가 있을 수 있다. 마지막으로, 한국의 은행들은 국제화 수준이 낮기 때문에 PB고객의 해외 투자자문, 해외부동산 상담 등의 수요에도 충분하게 대응하지 못하고 있는 형편이다.

3. 이론적인 배경과 가설 수립

(1) 프리미엄 자산관리 서비스 만족과 성과 기대에 대한 서비스 품질

원료, 구성요소, 외형적 디자인 등 제품의 객관적인 정보를 토대로 품질수준을 평가하는 유형 제품과는 다르게 무형의 제품을 다루는 서비스 산업에서의 품질은 객관적인 측면뿐만 아니라 고객 만족도 등 고객관점의 주관적인 평가의 중요성이 강조된다(Nirmalya, 2015). Oliver(1977)에 따르면 일반적으로 고객은 사전에 '성과에 대한 기대'를 형성하고 구매 및 사용을 통하여 경험한 실제 성과를 자신의 기대수준과 비교함으로써 서비스에 대해 '만족'여부를 결정한다. 즉, 성과가 기대보다 못하다고 판단되면 부정적 불일치(negative disconfirmation)가 발생하여 불만족하게 되고, 성과가 기대보다 낫다고 판단되면 긍정적 불일치(positive disconfirmation)가 발생하여 만족하게 된다는 것이다.

금융 프리미엄 자산관리 서비스를 통해 발생하는 수익은 시간에 대한 보상이라는 성격을 갖는다. 즉, 순서상의 흐름으로 볼 때 고객이 전담직원을 통해 인식하는 해당 은행의 상호작용품질 수준이 수익에 대한 기대를 갖게 하고 그 기대에 대한 사후충족 여부가 고객만족의 수준에 영향을 끼칠 것이라고 보는 것은 자연스럽다. 앞의 제2장에서 결과품질은 상호작용품질과 함께 독립변수의 하나로 병치되었지만 경우에 따라서는 결과품질이 상호작용품질에 대한 경험과 인식의 결과에 따른 사후품질로 파악될 수도 있으며, 만약 독립변수를 상호작용품질의 세부항목들로만 구성한다면 고객에게 좋은 평가를 받는 상호작용품질이 항상 좋은 결과품질을 보장하는 것은 아닐지라도 특정시점에 설문조사에 응한 고객은 자신의 전담직원에 의한 '상호작용품질'의 수준을 '결과품질'의 수준과 향후 '성과에 대한 기대'에 비례적으로 응답할 가능성이 크다고 보는 것은 합리적이며, '품질'과 '기대'와의 논리적 연관성을 고려할 때 제2장의 '결과품질'을 본 장에서 '성과에 대한 기대'라는 개념으로 대체하여 상호작용품질과 고객만족을 이어주는 매개변수의 하나로 설정하더라도 별 무리가 없을 것으로 보인다. 이와 같이 순차적으로 접근하는 이유는 상호작용품질의 세부요인들마다 성과에 대한 기대, 즉 일종의 결과품질에 미치는 영향에 차이가 있는지 알아보는데 유용하다고 판단되기 때문이다.

소비자가 인지하는 품질에 대해 Parasuraman et al.(1988)는 소비자의 마음속에 형성된 서비스의 우월성(superiority)이나 우수성(excellence)에 관한 전반적인 평가나 태도로 정의하였으며, Grönroos(1982)는 지각된 서비스품질을 '기대한 품질과 경험한 품질간의 차이에서 인식되는 것'이라고 정의하였다. 대체로 기존의 연구들은 서비스품질이 단일차원의 구성개념(single dimensional construct)이 아니라 2개 이상 다차원으로 구성되어 있다고 본다(Bitran & Lojo, 1993; McDougall & Levesque, 1996).

이 때 각 차원들은 서비스 활동의 결과물 또는 서비스의 전달과정 중 어디에 관심을 두느냐에 따라 구분할 수 있다. 서비스품질을 기술적 품질(technical quality)과 기능적(functional quality) 품질로 나누고(Grönroos, 1982), '무엇(what)'에 해당하는 전자는 결과품질(outcome quality)로, '어떻게(how)'에 해당하는 후자는 과정품질(process quality)로 2차원화 한(Omar et al., 2015; Nirmalya, 2015) 것으로부터 Parasuraman et al.(1988)의 SERVQUAL 모델을 거쳐 Cronin & Taylor(1992)의 SERVPERF 모델로까지 진전된 흐름은 앞 제2장 이론적 배경에서 소개한 바 있다. 한편, Rust & Oliver(1994)는 서비스품질의 구성요소를 서비스 상품(service product), 서비스 전달(service delivery), 서비스 환경(service environment)의 3가지 차원으로 제시하였다. 여기서 서비스 상품과 서비스 전달은 각각 Grönroos(1982)의 결과품질 및 과정품질과 비슷한 개념으로 볼 수 있으며, 서비스 환경은 서비스가 제공되는 배경과 관련한 것으로 고객 만족을 위한 주요한 속성의 하나로 인식된다(Brady & Cronin, 2001; Pollack, 2009). 은행 분야에서 서비스 제공자로부터 소비자로의 구매력 이동은 은행들이 소비자에 대한 그들의 제공 상품들의 품질을 향상시킴으로써 타 은행과의 경쟁으로부터 차별화 하도록 하고 있다(Vinita et al., 2015). 이런 은행 업종의 패러다임의 변화는 기존 고객들의 만족감을 높여 고객 이탈을 방지하는 동시에 기존 고객들을 활용하여 긍정적인 구전효과(Word-of Mouth; WoM)를 촉진함으로써 미래 고객들이 인식하는 은행의 서비스 가치를 향상시킨다(Carter and Carter, 2009). 이러한 환경의 변화는 은행들에게 고객만족을 향상시킬 수 있는 서비스 품질 요소들을 분류하고 적절하게 활용하는 것의 중요성을 강조함으로써 그들로 하여금 고객만족을 위해 서비스의 우선순위에 대한 기준을 정하고 제공하도록 하는 일종의 지침 역할을 수행한다.

대표적인 금융 서비스 기업인 소매은행에 관한 기존 서비스 품질 관련 연구는 SERVQUAL 모형이나 2차원 모형, 3차원 모형 등 다양한 차원에서 접근하였는데 주로 입출금, 예금, 송금, 신용카드, 사고신고 등 일반 소매영업 분야를 대상으로 하였다. Vinita et al.(2015)은 3차원 품질모델을 적용하여 고객만족에 미치는 관계품질과 은행들의 서비스 제공 과정관리의 중요성을 강조하였으며, Harjit et al.(2015)은 안정적인 영업기반 확보 및 수익창출을 위해서는 서비스 품질 개선으로 경쟁은행과의 차별화가 필요함을 역설하였다. 특히 은행의 경우 자체적으로 상품을 개발하거나 제도, 절차 등을 마련하더라도 경쟁회사들이 복제하기 용이하며 자금의 이동비용도 낮아 금융상품 만으로는 차별화하기 쉽지 않다. 예를 들어 금융상품의 가격만으로 유일한 경쟁력의 대안으로 삼기가 어렵기 때문에 은행 서비스품질은 구성 속성별로 비대칭적인 영향력을 가지며, 경우에 따라 고객만족 최대품질요인 또는 고객 불만족 최소품질요인 등으로 차등 인식될 수 있기 때문에 전략적 의사결정과 자원배분이 필요하다(Veljko et al., 2015). 같은 맥락에서 형식적인 약속보다는 고객에 대한 실질적 지원문화, 업무

능력, 고객과의 공감 등이 서비스품질의 요체이며, 단기적인 고객만족 수준이 아니라 전환비용에 구애받지 않는 고객으로부터의 신뢰 확보가 중요하다(Veljko et al., 2015; Matthias et al., 2015).

은행의 서비스품질에 관한 최근의 연구들이 자주 활용했던 Brady and Cronin(2001)의 3차원 모형을 기반으로 하여 Nimalya(2015)는 친절성, 신뢰성, 전문성을 과정품질로, 혜택, 이자율, 수수료를 결과품질로, 주변 환경의 쾌적성, 실내 디자인, 최신 설비를 물리적 환경품질로 구분하였다. 반면에 Terrence et al.(1996)은 이를 각각 관계품질, 핵심품질, 유형품질로 명명하였으며, 상호작용품질, 결과품질, 물리적 환경품질로 유형화하였다. 이처럼 금융 서비스 품질연구에 대한 다양한 접근방법에도 불구하고 고객이 거래 금융회사를 선택하거나 계속 거래 여부를 판단할 때에는 단순히 수익률 이외에도 금융상품에 대한 평가, 고객 정보를 습득하고 확인하는 프로세스, 종업원의 자질 등 서비스품질이나 해당회사 브랜드에 대한 인식 등이 복합적으로 작용하므로(Omar et al,, 2015; Shalom et al., 2016), 금융회사는 지속적인 경쟁력을 확보해 나가기 위해 고객중심과 상품차별화 관점에서의 꾸준한 마케팅 활동이 필요하다(Veijko et al., 2015). 특히 양적 완화(Quantitative Easing)와 저금리 구조를 유지하고 있는 세계 경제 상황에서 소매 금융사들은 PB를 비롯한 자산관리 서비스 제공을 통해 점차 줄어들고 있는 예대마진의 돌파구를 마련할 필요가 있다. 은행 산업, 특히 특정 고자산 고객들을 대상으로 운영되는 프리미엄 자산관리 서비스 산업의 특성을 감안하여 고객만족과 서비스 성과에 대한 고객의 기대를 초래하는 선행요인으로서 본 연구는 전문성(expertise), 공감성(empathy) 및 반응성(responsiveness)을 제안한다. 이들은 각각 고객의 다양한 니즈에 반응하여 해당 서비스를 수행하는 데 요구되는 수준의 전문가적 자질을 보유하고 있는지, 고객이 진정으로 원하는 바를 확인하고 자신의 일처럼 그 해결방안을 찾아내어 기꺼이 도와주려고 하는지, 고객과의 커뮤니케이션 과정에서 고객이 제기하는 니즈나 궁금증을 고객의 눈높이에서 얼마나 빠르고 정확하게 해소해 주는지에 해당하는 세부 품질요인들을 의미한다. 이 요인들에 대해서는 전담직원 개인적 차원의 서비스 품질뿐 만 아니라 해당 점포 및 은행의 서비스 품질을 포괄하는 개념으로 사용하고자 한다. 한편 Shalom and Hayiel(2016)은 금융 서비스 만족에 영향을 미치는 주요 요인으로 성과에 대한 기대를 지적했는데, 특히 프리미엄 자산관리 서비스는 성과 중심의 서비스로 프리미엄 자산관리 서비스 성과에 대한 높은 기대는 소매은행의 기존 서비스 보다 고객 만족에 더욱 긍정적인 영향을 미칠 수 있다. 위에서 언급한 연구들을 바탕으로 본 연구에서는 다음과 같은 연구 가설들을 수립한다.

H1: 프리미엄 자산관리 서비스의 전문성은 고객의 성과에 대한 기대에 긍정적인 영향을 미친다.
H2: 프리미엄 자산관리 서비스의 전문성은 고객의 만족에 긍정적인 영향을 미친다.
H3: 프리미엄 자산관리 서비스의 공감성은 고객의 성과에 대한 기대에 긍정적인 영향을 미친다.
H4: 프리미엄 자산관리 서비스의 공감성은 고객의 만족에 긍정적인 영향을 미친다.
H5: 프리미엄 자산관리 서비스의 반응성은 고객의 성과에 대한 기대에 긍정적인 영향을 미친다.
H6: 프리미엄 자산관리 서비스의 반응성은 고객의 만족에 긍정적인 영향을 미친다.
H7: 프리미엄 자산관리 서비스의 성과에 대한 기대는 고객 만족에 긍정적인 영향을 미친다.

(2) 고객 추천 행위와 감정적 헌신

감정적 헌신(affective commitment)은 고객이 특정 회사의 미션과 활동에 소속감을 느끼는 일련의 과정과 감정을 뜻하며, 고객이 특정 회사와의 교감을 통해 긍정적으로 인지하는 정도를 의미한다(Johnson et al., 2001). 이러한 감정적 헌신의 기저에는 신뢰, 익숙함, 사교성과 공통 가치의 공유 등이 깔려 있다(Geyskens et al., 1996). 이것은 파트너와 장기적으로 지속되는 관계에 있어 매우 중요한 역할을 한다(Sharma et al., 2006). 고객 보유 측면에서 감정적 헌신은 매우 강력한 요인이며(Fullerton, 2003), 현재 사용하고 있는 서비스에서 다른 서비스로 고객들이 이동하려고 할 때 그것을 억제하는 역할을 한다. 특정 회사에 헌신의 감정을 느끼는 고객들은 충성심과 소속감을 느끼게 되고(Cater and Zabkar, 2009), 지속적으로 고객에게 서비스를 제공하는 서비스 제공자에게 호감을 갖게 됨과 동시에 그들과 함께 하는 것을 즐기게 한다(Cater and Cater, 2009). 이상의 기존 연구들은 서비스 업종에서의 감정적 헌신의 중요성을 강조하며, 은행 산업에서도 구전(WoM) 효과와 고객 유지를 위해 감정적 헌신을 전략적으로 활용하는 것에 대한 필요성을 강조한다.

구전효과를 위한 의사소통은 종종 고객의 충성도를 향상시키기 위해 활용되는 기업의 전략이며(Söderlund, 2006), 고객들과 지속 가능한 장기간의 관계를 형성하기 위한 일련의 행동들을 포괄한다. 기업이 제공하는 서비스를 재이용하려는 충성 고객들은 고객 유지와 다른 사람들에게 추천하려는 의도를 높이려는 현대 기업들의 핵심 자산이다. 고객들을 활용한 구전효과는 새로운 고객들이 기업들이 제공하는 서비스에 대해 매력을 느끼게 하는 주요한 요인이 되며, 이것은 궁극적으로 기업의 지속 가능한 성장과 수익 창출의 원천이 된다. 특정 브랜드에 대한 고객의 헌신적 감정으로 정의되는 고객의 기업에 대한 충성은 지속적이고 강력한 긍정적인 태도와 구매 행위들에 의해서 형성되고(Matthias et al., 2015), 그것은 기업의 상품과 서비스들에 대한 재구매와 구전효과로 이어진다. 구전효과는 고객들이 그들의 지인에게 자신이 이용하는 기업을 추천하고 그들의 긍정적 인상을 확장하는 의도를 반영한다. 구전효과는 특히 서비스 산업에서 강력한 효과를 발휘하며 기업의 홍보, 프로모션 등 기업 제품과 서비스의 지속적 판매 촉진에 지대한 영향을 미친다(Ha and Jang, 2010).

마케팅 분야의 기존 연구에서는 고객만족과 구매 또는 추천의도 사이에는 강력한 관계가 있음을 강조한다(Ha and Jang, 2010; Lam et al., 2004; Pollack, 2009). Yang and Peterson (2004)의 연구에 따르면 고객 만족이 고객 충성도에 유의한 영향을 미치고 고객 충성도는 기업이 제공하는 서비스와 제품에 대한 행위 의도로 측정된다고 주장한다. 특히 은행 분야에서는 고객만족이 고객이 지인에게 은행을 추천하는 행위에 대한 중요한 선행요인 중 하나로 알려져 있다(Bontis et al., 2007). 고객 만족과 더불어 고객의 감정적 반응의 하나인 헌신 또한 고객을 추천하는 주요 요인으로 지적되며(Fullerton, 2005; 2011), 이런 측면에서 Keh and Xie (2009)의 연구에서 보듯이 고객 헌신은 재구매 의도에 영향을 미치는 것으로 알려져 있다. 감정적 헌신은 태도적 충성, 참여, 그리고 애착 등을 포함하는 총체적 개념으로 설명될 수 있다(Gundlach et al., 1995). 은행 산업에서도 고객들의 이런 특성들이 나타나는데 Mandhachitara & Poolthong(2011)은 연구를 통해 소매 금융 고객들의 성과에 대한 기대가 고객 추천행위와 지원 행위 등에 긍정적인 영향을 미친다고 주장하였다. 그러므로 고객들의 은행 서비스에 대한 감정적 헌신은 지인들에게 은행 서비스 이용에 대한 추천을 이끌어 낼 수 있다고 볼 수 있다. 이상의 연구 결과들을 바탕으로 본 연구에서는 두 개의 추가적인 가설을 수립한다.

H8: 고객의 성과에 대한 기대는 다른 사람들에게 프리미엄 자산관리 서비스를 추천하려는 의도에 긍정적인 영향을 미친다.
H9: 고객의 만족은 다른 사람들에게 프리미엄 자산관리 서비스를 추천하려는 의도에 긍정적인 영향을 미친다.

(3) 조절요인으로서 고객 자산규모의 역할

소매 금융업의 경쟁적인 마케팅환경에서 금융기업들은 고객의 미래가치와 행동을 예측할 수 있는 고객의 자산 규모를 고객 서비스를 위한 가장 중요한 요소 중 하나로 인식하고, 효과적인 고객자산 관리를 위해 이를 지속적으로 측정하고 저해하는 요인들을 분석한 후 고객의 관리자산 규모를 확대시키기 위해 노력하고 있다. 이러한 추세에 맞추어 고객가치 극대화와 장기적인 고객관계 구축을 위해 수행되는 마케팅 활동들이 개별고객들의 구매 및 주변 사람들에 대한 추천 행동에 미치는 효과를 계량적으로 측정하기 위해 고객자산이라는 개념을 도입하고, 이를 실증적으로 분석하는 여러 연구들이 이루어지고 있다(Bolton et al., 2004; Rust et al., 2004; Vogel et al., 2008). 조절요인으로서 자산규모가 도입되기 위해서는 이에 대한 합리적인 개념 정의가 필요하다. 동일한 금액기준으로 자산규모를 분류하더라도 소속 국가별로 단위면적당 인구밀도, 경제성장률, 자산축적의 방법, 자산유형별 구성 비율 등에 따라 금융자산의 규모가 다를 수 있고 이에 따라 조절요인으로서의 작용 여부나 그 정도에 차이가 날 수 있다. 〈그림 15〉에서 보는 바와 같이 총자산 100억 원 이상인 한국 부자는 '부모의 증여나 상속'이 현재의 자산형성에 가장 큰 영향을 미친 것으로 조사된 반면, 30억 원 미만의 부자는 주로 사업체 운영〉부동산 투자〉부모의 증여나 상속 순으로 부를 축적하였다.

❙그림 15❙ 총자산 규모별 자산 축적 방법

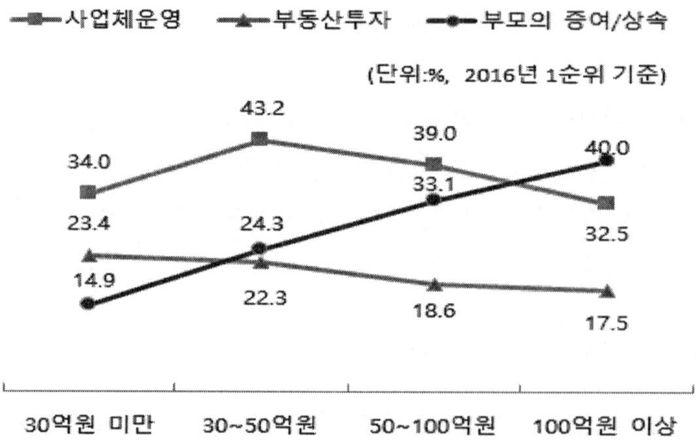

(출처 : 2016한국부자보고서, KB금융지주경영연구소)

또 〈그림 16〉에서 보는 것처럼 총자산 규모가 클수록 부동산자산 비중이 금융자산 비중에 비해 높고, 금융자산은 평균 3~4개 정도의 금융회사에 분산 예치하고 있는 것으로 추정할 때 본 연구에서 기준으로 삼으려는 금융자산규모 10억 원에 해당하는 고객은 총자산 기준으로는 약 100억 원 가량을 보유하고 있는 것으로 파악된다.

❙그림 16❙ 총자산 규모별 자산 구조 비교

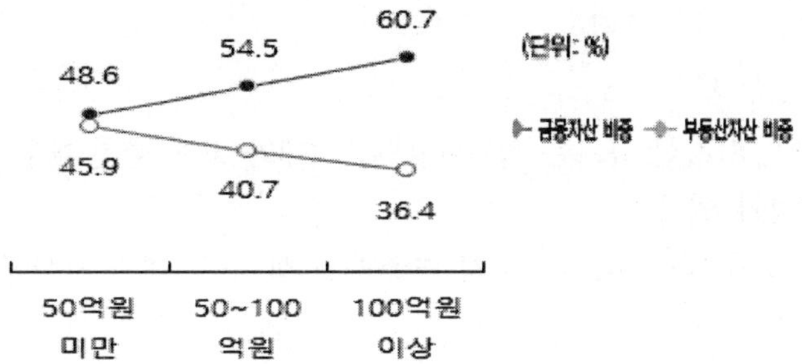

(출처 : 2016한국부자보고서, KB금융지주경영연구소)

동 보고서에 따르면 총 금융자산 10억 원 이상 한국 부자 중 금융회사에서 제공하는 프리미엄 자산관리 서비스가 필요하지 않다고 응답한 비율은 10.5%에 불과했으며, 〈그림 14〉에서 보는 것처럼 총 금융자산 50억 원 이상 부자의 경우 자산관리가 필요하다고 응답한 비중이 93.8%에 달하는 등 보유 금융자산이 클수록 필요성 인식 정도가 급격하게 상승하는 경향을 보였다.

소비자의 입장에서 볼 때 투자활동(investing)은 목표 지향적 활동이고, 목표는 이익을 극대화하고 손실을 최소화하는 것을 포함한다고 설명되어 왔다(Kashyap and Iyer, 2009). 선택의 문제는 선택 과정, 선택 과업 그리고 선택 맥락에 따라 영향을 받고 소비자 자신의 고정관념, 선택 시점 간 상충관계(inter-temporal trade-offs), 자기 통제 문제, 정보처리의 어려움, 감정, 지나친 심사숙고 등에 따라 의사결정에 왜곡이 발생할 가능성이 있으므로 소비자들은 선택의 문제에 관하여 도움을 받을 필요가 있으며 의사결정의 질을 높이기 위해 프리미엄 자산관리 서비스를 이용하는 것은 자연스러운 현상이다(Shalom and Hayiel, 2016). 특히 자산규모가 큰 고객일수록 집중적인 프리미엄 자산관리 서비스를 금융회사로부터 받기를 원하며, 이것은 재이용 및 주변인에게 추천하는 행동(patronage behavior)에 영향을 미칠 수 있다. 위에서 언급한 것처럼 기존 연구들은 성과에 대한 기대와 고객 만족이 추천 행위 의도에 긍정적인 영향을 미친다고 주장하였으나 고객의 자산규모에 따라 이런 현상에 어떠한 차이가 있는지는 거의 연구되지 않았다. 이에 따라 본 연구는 다음과 같은 가설을 수립한다.

H10a: 고객의 자산 규모는 성과에 대한 기대와 고객 추천 행위 사이에서 조절효과가 있다.

H10b: 고객의 자산 규모는 고객 만족과 고객 추천 행위 사이에서 조절효과가 있다.

위에서 제시한 연구모형의 내용들을 간단히 정리하면, 프리미엄 자산관리 서비스 품질의 영향요인들(전문성, 공감성, 반응성)은 고객의 성과에 대한 기대와 고객 만족에 영향을 미치며, 고객의 자산 규모는 고객의 성과에 대한 기대와 고객 만족이 프리미엄 자산관리 서비스 추천의도에 조절효과로서 영향을 미친다고 할 수 있다. 본 연구에서는 이상의 내용들을 11개의 가설 수립을 통해 검증하고자 한다. 〈그림 17〉은 변수들의 관계와 관련 가설들을 나타낸다.

▍그림 17▍ 연구 모형

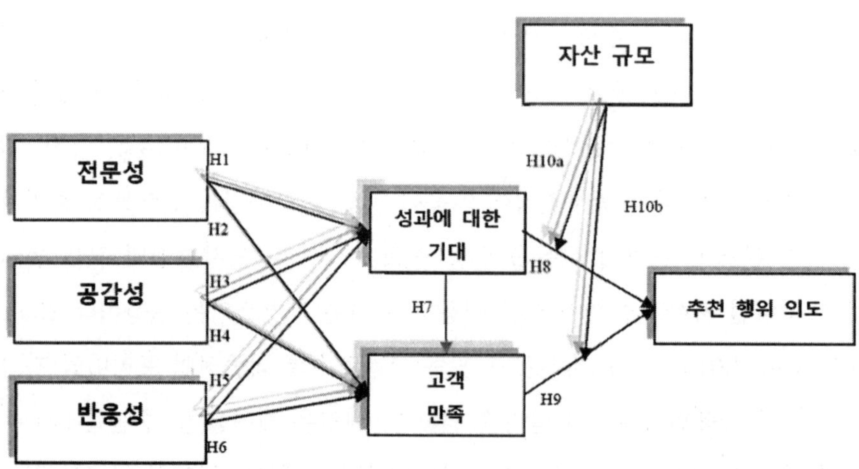

4. 연구 방법

(1) 설문조사와 분석방법론

이상의 주요 선행연구들을 바탕으로 은행 프리미엄 자산관리 서비스 품질(전문성, 공감성, 반응성)과 고객만족도 및 고객의 추천의도 등의 변수를 측정하기 위한 설문항목들로 설문지를 구성하였다. 자산관리 서비스품질은 프리미엄 자산관리 서비스의 산업적 특수성을 반영하고 정확한 측정을 수행하기 위해 상호작용품질에 대해서 12개의 측정항목을 통해 서비스의 전문성, 공감성, 반응성을 각각 측정하고 이 세 가지 항목을 통해 프리미엄 자산관리 서비스의 상호작용품질을 구성하였다. 고객만족도는 전반적인 만족도, 유용성의 정도, 과정(process) 만족과 유희적 가치(hedonic value) 등 4개 항목으로 측정하였으며 성과에 대한 기대와 서비스 추천의도 등도 각각 4개의 설문 문항을 통해 측정하였다.

구조방정식 모델 분석은 다변량 분석기법 중 요인분석과 회귀분석을 결합한 분석방법으로 사전설정, 모델검증, 잠재변수(latent variable)의 측정, 변수들 간 관계를 동시에 분석하는 등의 장점을 지닌 유연한 분석 방법론이다. 본 연구에는 공분산(covariance) 기반의 구조방정식 분석 기법인 AMOS(analysis of moment structures)를 활용하였다(Gefen et al., 2011). 우선 각각의 변수에 해당하는 측정 항목들이 다른 변수들을 설명하는 양과 비교하여 적절하게 측정됐는지 확인하기 위해 AMOS 분석 프로그램을 활용하여 확인적 요인분석(confirmatory factor analysis, CFA) (Agarwal and Prasad, 1998)을 실행하였다. 본 연구에는 연구 모형의 조절 효과를 측정하기 위해 단계적 접근법(stepwise approach)을 도입하였으며 개인 고객의 자산 규모를 조절 변수로 활용해 검증하였다.

(2) 연구 표본

본 연구를 위한 설문은 앞 제2장 관련 개별논문을 위한 설문조사를 할 때 함께 진행하였다. 이에 따라 본 연구를 위한 설문절차나 수집된 표본의 인구통계학적 특성 등은 〈표 5〉를 비롯한 제2장의 해당부분을 참고하기로 한다. 이렇게 수집된 설문 데이터에 대해서 SPSS 23버전을 사용하여 빈도분석, 신뢰도분석 등을 수행하였으며, AMOS 24 프로그램을 활용해 경로 분석 결과를 도출하였다.

(3) 분석 결과

(가) 모델 적합도

본 연구를 진행하면서 먼저 연구 모형의 타당성(validity)과 신뢰성(reliability)의 적합성을 측정하였다. 모델의 적합도를 확인한 후 구조방정식의 경로 분석을 통해 가설 검증을 수행하였다. 구체적으로는 모형의 타당성과 신뢰성 확인을 위해 수렴 타당도(convergent validity), 모델 적합도 및 판별 타당성을 측정하였다. 〈표 11〉에서 보이는 것처럼 모든 관련 통계치가 기준치를 충족하는 것으로 나타나 모델의 타당성이 높은 것으로 판단된다. 판별 타당성(discriminant analysis)은 각각의 변수를 다른 변수와 비교했을 때 해당 변수의 측정항목이 잘 설명됐는지를 검증하는 것으로, 검증 결과 판별 타당성이 확보된 것으로 나타났다.

또한 〈표 11〉과 〈표 12〉에서 보이는 것과 같이 모든 상관계수 값들이 AVE(average value extracted)의 제곱근 값보다 낮은 것으로 나타났으며, 분석 결과 CR 값을 통해 집중 신뢰도(composite reliability)도 확보된 것으로 나타났다. 모든 CR 값들이 0.7이상의 값을 나타내고 있기 때문에 모델을 구성하는 여섯 가지의 변수들이 집중 신뢰도를 갖추었다고 할 수 있다. 이와 함께 모든 측정항목들이 요인 적재량의 기준점인 0.6도 상회하고 있어 이상의 결과들을 종합해 볼 때 본 연구 모형은 모델 적합도가 확보됐다고 할 수 있겠다.

▌표 11▐ 확인적 요인분석과 모델 적합도 검증 결과

변수	측정 변수	확인적 요인 분석				C.R.	AVE
		요인 적재량	t-value	평균	표준편차		
전문성	EV1	–	–	–	–	0.819	0.533
	EV2	0.781	5.3011	4.3213	0.8152		
	EV3	0.767	4.5284	4.1171	0.9092		
	EV4	0.617	3.4661	3.6486	1.0527		
공감성	SV1	–	–	–	–	0.812	0.518
	SV2	0.648	2.3015	2.9970	1.3022		
	SV3	0.846	2.8160	3.3604	1.1933		
	SV4	0.704	3.3084	3.5586	1.0756		
반응성	RV1	–	–	–	–	0.831	0.504
	RV2	0.686	4.4076	4.0661	0.9225		
	RV3	0.613	4.4139	3.9069	0.8851		
	RV4	0.712	5.2125	4.3003	0.8250		
성과에 대한 기대	EV1	–	–	–	–	0.666	0.510
	EV2	0.864	4.2581	3.6577	0.8590		
	EV3	0.848	5.0391	4.0751	0.8087		
	EV4	0.649	3.5821	3.6396	1.0161		
고객 만족	CS1	–	–	–	–	0.893	0.677
	CS2	0.887	4.3883	3.7147	0.8465		
	CS3	0.835	4.4486	3.7087	0.8337		
	CS4	0.692	4.1538	3.7297	0.8979		
추천 행위 의도	IP1	–	–	–	–	0.846	0.646
	IP2	0.805	3.9725	3.6997	0.9313		
	IP3	0.809	4.5787	3.9970	0.8729		
	IP4	0.892	4.3104	3.8649	0.8966		

The measure of model fit

χ^2/d.f. = 2.792, RMSEA=0.084, RFI=0.944, NFI=0.932, GFI=0.957

Reference value

1) Convergent validity: CR>0.8a;AVE>0.5a,b;SFL>0.6a

2) Fitness of model: 1<χ2/d.f.<3c;GFI>0.8c;NFI>0.9c;RFI>0.9c;RMESA<0.1c

3) Discriminant validity: R<d

Note

- 모든 측정변수는 5리커트 스케일로 측정 (1 = 강한 비 동의, 5 = 강한 동의)
- AVE: Average Variance Extracted ,SFL: Standardized factor loading, CR: Composite Reliability, S.D: Standard Deviation & R: Correlation between items
- aBagozzi and Yi (1988), bChangandCheung(2001),cChin(1998) and dFornell, Mithas, and Morgeson(2009)

| 표 12 | 판별 타당성 분석 결과

	전문성	공감성	반응성	성과에 대한 기대	고객 만족	추천 행위 의도	$\sqrt{AVE}$
전문성	Almost 1						0.730
공감성	0.592	Almost 1					0.719
반응성	0.517	0.363	Almost 1				0.710
성과에 대한 기대	0.614	0.411	0.672	Almost 1			0.714
고객 만족	0.606	0.562	0.255	0.514	Almost 1		0.823
추천 행위 의도	0.540	0.580	0.328	0.529	0.657	Almost 1	0.804

(나) 가설 검증 결과

〈표 13〉과 〈그림 18〉에서 보이는 것처럼 가설 검증 결과 프리미엄 자산관리 서비스의 전문성과 성과에 대한 기대 사이에는 양적인 효과가 있었으며(β = 0.218, $p<0.05$), 경로 분석과 t-통계량 측정 결과 PB 서비스의 전문성은 고객 만족과 양의 상관관계가 있는 것으로 나타났다(β = 0.112, $p<0.01$). 또한 연구 모형 분석결과에 따르면 프리미엄 자산관리 서비스의 반응성은 성과에 대한 기대에 긍정적인 효과가 있는 것으로 밝혀졌으며(β = 0.132, $p<0.01$), 프리미엄 자산관리 서비스의 반응성과 고객 만족 사이에도 긍정적인 효과가 있는 것으로 나타났다(β = 0.106, $p<0.05$).

| 표 13 | 경로분석 결과

종속 변수	성과에 대한 기대	고객 만족	추천 의도
경로분석			
전문성	0.218*	0.112**	
공감성	-0.179n.s.	0.124*	
반응성	0.132**	0.106*	
성과에 대한 기대		0.511**	0.132*
고객 만족			0.591**
R^2	0.832	0.489	0.406

Notes:
*: p<0.05 |**: p<0.01 | ***: p<0.001 |n.s.: not significant

한편, 프리미엄 자산관리 서비스의 공감성과 고객 만족 사이에는 긍정적인 효과가 있는 것으로 보여주고 있으나(β = 0.124, p<0.05), 프리미엄 자산관리 서비스의 공감성과 성과에 대한 기대 사이에는 통계적 유의성이 없는 것으로 나타났다(β = 0.179, p>0.1). 또한 경로분석과 유의성 검증 결과 프리미엄 자산관리 서비스의 성과에 대한 기대는 고객 만족에 긍정적인 효과를 미치며(β = 0.511, p<0.01), 프리미엄 자산관리 서비스의 성과에 대한 기대 또한 추천 의도에 긍정적인 영향을 미치는 것으로 드러났다(β = 0.132, p<0.05). 마지막으로, 고객 만족 역시 추천 의도에 긍정적인 영향을 미치는 것으로 나타났다(β = 0.591, p<0.01).

(다) 자산규모의 조절 효과 검증 : 단계적 조절효과 분석

성과에 대한 기대 또는 고객 만족과 지인에 대한 추천 의도 사이에서 고객 자산규모의 조절효과를 분석하기 위해 본 연구에서는 단계적 조절효과 분석을 수행하였으며(Frazier et al., 2004), Chin et al.(2003)의 조절 효과 분석 순서와 방법론을 도입해 분석에 활용하였다. 본 분석의 목적은 고객 만족 또는 성과에 대한 기대와 고객 추천 의도 사이에 조절효과를 변수별로 따로 분석하여 그 효과를 명확히 검증하는데 있다.

┃표 14┃ 자산규모의 조절효과 분석

종속 변수	추천 행위 의도	
주 효과		
성과에 대한 기대	0.104*	0.108*
고객 만족	0.462**	0.445**
자산 규모	0.113*	0.126*
상호작용효과		
EP * 자산 규모	-0.017n.s.	
CS * 자산 규모		-0.216*
R^2	0.493	0.548

Notes:
*: p<0.05 |**: p<0.01 | ***: p<0.001 | n.s.: not significant
- EP: 성과에 대한 기대; CS: 고객 만족

<표 14>와 <그림 18>은 연구 모형의 자산규모에 대한 조절효과 분석 결과를 보여주고 있다. 경로분석을 하는 과정에서 각각의 조절효과를 따로 분석하기 위해 본 연구에서는 조절변수(Z) 뿐만 아니라 설명변수(X)를 표준화하고 이것의 관련 측정항목 간의 곱(multiplier)을 통해 새로운 쌍대측정변수(pair-wise indicator)를 만든 다음에 이를 XZ의 상호작용효과를 반영하는 새로운 측정변수로 만들어 냈다(Chin et al., 2003). 이러한 순차적 접근은 각각의 조절효과를 개별적인 연구모형 도입을 통해 분석함으로써 조절효과의 분석력과 해석력을 높이는 장점이 있다(Carte and Russell, 2003). 고객의 자산규모의 조절효과를 분석한 결과 설명변수별로 효과 간에 있어 상이한 결과를 나타내었다. 성과에 대한 기대가 추천의도에 영향을 미치는데 있어 고객의 자산규모는 조절효과로서 통계적 유의성이 없는 것으로 나타났다(β = -0.017, p>0.1). 반면에 고객만족과 추천의도 사이에는 고객의 자산규모가 통계적 유의성을 나타내되 음(-)의 효과를 보이는 것으로 나타났다(β = -0.216, p<0.05). 결과적으로 가설 10b는 데이터 분석 결과 통계적으로 유의한 것으로 나타났지만 10a는 분석 결과 통계적으로

유의하지 않는 것으로 판명되었다.

❙그림 18❙ 연구 모형 분석 결과

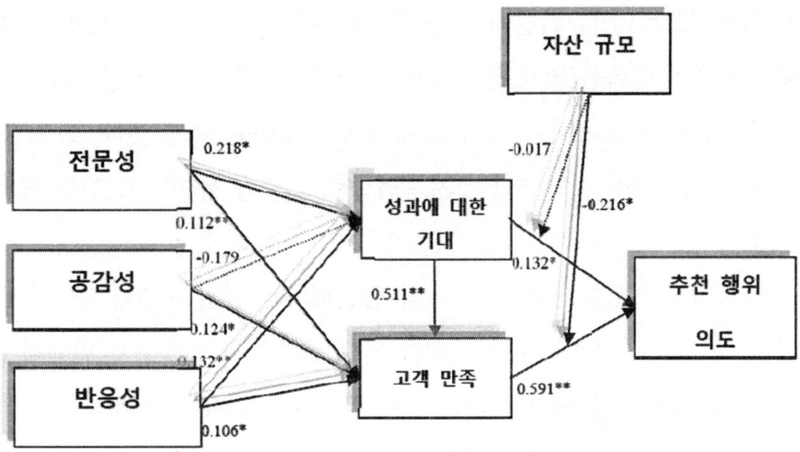

*p<0.05; **p<0.01; ***p<0.001

5. 작은 맺음말

최근 전 세계적으로 저성장의 시대가 도래하면서 금융 분야 기업들은 안정적인 수익원 확보를 고민하게 되었고 개인과 가계들은 실질 자산 가치 보존 및 증식을 위해 자산관리 서비스에 대한 관심을 높이기 시작하였다. 그러나 은행 영업 현장에 관한 많은 기존 연구들은 주로 수익성 확보나 불특정 다수의 고객에 대한 프로모션 마케팅, 고객만족 요인 분석 등을 중심으로 진행되어 왔다. 그 중에서도 고객만족 요인과 관련해서는 업무처리의 신속성, 접근 용이성, 직원의 친절 수준, 대기시간 단축 등 주로 일반 이용자들의 거래 편의성에 관심을 두는 경향을 보였다. 이런 상황을 반영하여 본 연구는 개별 고객들마다 전담직원에 의해 맞춤형 자산관리 서비스를 제공하는 프리미엄 프라이빗 뱅킹 분야의 서비스 품질 문제를 다루되, 특히 인적 상호작용품질에 초점을 맞추어 세부 품질 요인들이 성과에 대한 기대와 고객만족 및 추천의도에 긍정적인 영향을 미치는지 실증적으로 분석한 후 이를 바탕으로 금융자산관리 영역에서 경쟁력을 확보하기 위해 금융회사가 주안점을 두어야 할 조건들에 대한 전략적인 시사점을 제공하고자 하였다. 결과적으로, 전담직원에 의한 상호작용품질 수준이 고객으로 하여금 성과에 대한 기대와 만족을 통해 긍정적인 추천의도를 갖게 할 수 있는지 실증적으로 확인해 보았다는 점에서 본 연구의 특이성을 찾아볼 수 있겠다. 특히 2016년 현재 부동산자산 대비 지난 5년간 지속적으로 비중을 높여가고 있는 금융자산 보유 부자 고객들의 주된 자산관리자가 됨으로서 보다 유망하고 안정적인 수익을 창출하기 위해 은행을 필두로 한국 각 금융회사들 간의 경쟁이 치열하게 전개되고 있는 가운데, 고객으로부터 신뢰를 얻고 꾸준하게 성장하기 위해서 WM관련 금융회사들이 역점에 둬야 할 이슈들과 자산규모에 따른 고객의 심리적 상황에 대한 이해를 제공할 수 있었다는 데에도 의미가 있다.

우선 본 연구는 저금리·저성장·고령화 시대의 환경 속에서 한국의 은행이 자산관리 서비스 분야에서 기존 고객에 대한 만족과 신규 고객 유치 가능성을 높이는 차별화와 경쟁우위의 핵심은 전담직원을 통해 고객에게 전달되는 상호작용 역량의 수준에 있음을 보여주고 있다. 결과적으로 프리미엄 자산관리 서비스의 상호작용 품질의 우수성은 고객만족과 성과에 대한 기대에 긍정적 영향을 미치는 것으로 나타났으며, 이러한 품질 요인들은 대체로 추천의도에까지 긍정적인 영향을 미치는 것으로 나타났다. 시간을 두고 형성된 고객과 전담직원 사이의 신뢰관계를 토대로 끊임없는 상호작용 과정을 통해 안정적인 수익률을 실현하는 자산관리 본연의 역할에 충실하려는 마케팅 정위화(positioning)는 자산관리 서비스업을 영위하는 금융회사가 중장기적으로 경쟁우위를 누릴 수 있는 서비스 품질 기반이 될 수 있음을 확인할 수 있었다. 또 은행은 고객이 서비스에 만족하더라도 자산규모에 따라 고객의 추천 의도에 차이가 날 수 있음을 이해하고 서비스를 제공하거나 고객에 대한 마케팅 과정에서 고려할 필요가 있다는 점을 강조하고 있다.

구체적으로 본 연구는 은행 프리미엄 자산관리 서비스 영역에서 상호작용품질이 성과에 대한 기대와 고객만족을 매개로 추천의도에 미치는 영향과 그 과정에서 자산규모가 조절효과로 작용하는지에 대한 모형 분석을 통해 다음과 같은 실무적인 시사점과 논의를 제시하고 있다. 첫째, 은행의 프리미엄 자산관리 분야 역시 고객만족이 장기적인 성장의 요체라고 볼 때 항상 고객의 가치를 우위에 두는 의사결정과 함께 지속적인 실천이 요구된다. 고객의 기대에 부응하는 서비스 제공으로 고객의 니즈가 충족될 경우 은행 역시 관리자산 규모와 수익성 확보 측면에서 안정적인 성장을 기대할 수 있을 것이다. 상호 신뢰를 기반으로 하는 자산관리 서비스 분야에서 은행이 고객의 가치보다 내부의 단기적인 성과목표를 우선시하는 행태를 보일 경우 소탐대실하는 것임에 유념하여야 하겠다. 둘째, 고객의 입장에서 성과에 대한 기대와 만족 등 은행의 경쟁력 수준은 최종적으로 전담직원을 통해 인식될 것이므로 여기에는 전담직원 자체의 개인적인 역량과 함께 전담직원의 업무, 특히 전문성 부분을 보강해 줄 수 있는 본부의 정보 기술, 어드바이저리(advisory) 전문가 등 지원시스템이 유기적으로 연결되는 것이 중요할 것이다. 본 연구에서 고객만족에는 전문성(expertise), 공감성(empathy), 반응성(responsiveness) 등 3가지 상호작용품질 모두가 유의한 반면, 성과에 대한 기대(expectation to performance)에는 전문성과 반응성은 유의하였으나 공감성은 유의하지 않았다. 성과에 대한 기대와 만족은 상호 밀접한 관계를 가지고 있으나 각자가 상호작용품질과의 관계에서는 서로 다른 수준의 연관성을 보이는 것은 인지적 경험을 토대로 하는 만족에 비해 성과에 대한 기대는 그 실현 여부가 아직 불확실하기 때문이라고 판단된다. 물론 성과에 대한 기대가 잠정적 성과라고 하더라도 전담직원의 전문성과 반응성은 자산관리 성과에 직결되는 실무적, 실천적인 품질 요소임에 반해 공감성은 고객만족 요소는 되더라도 고객의 정서적인 범주에 머물러 있기 때문에 다른 품질 요소들과 달리 성과에 대한 기대에는 유의미한 영향을 미치지 못하는 것으로 보인다. 이런 면에서 볼 때 은행은 본부의 시장 정보 제공 및 우량상품 조달 역량과 효율화된 업무 프로세스, 하드웨어적 지원시스템 등을 보강하면서 특히 전담직원의 자산관리 관련 전문 상담역량과 고객의 니즈에 대한 신속한 대응력 등 고객만족과 자산관리 성과에 직결되는 요소를 강화해 나갈 필요가 있다. 이를 위해 은행이 교육 프로그램, 합리적인 평가 시스템과 인센티브 시스템, 인정감(sense of acknowledgement) 등 전담직원의 사기를 높일 수 있는 외재적, 내재적 보상체계를 구축하는 것도 중요하다 하겠다(Wang & Han, 2012). 셋째, 성과에 대한 기대가 높은 고객일수록 추천의도도 높은 가운데 고객의 자산규모가 조절변수로서의 역할을 하지는 않은 반면, 서비스 품질에 만족한 고객은 해당 은행 거래를 지인에게 추천하려는 의도는 역시 높았으나 자산규모가 큰 고객은 작은 고객에 비해 상대적으로 낮은 추천의도를 보였다. 전자의 경우에는 실제로 자산관리의 성과를 경험해 보지 않는 기대상태에 머물러 다소 관념적이기 때문에 고객들이 보유 자산의 규모에 차이가 나더라도 추천의도에는 별로 차이가 없는 것으로 해석된다. 반면 후자의 경우에는 결과의 해석을 두고 몇 가지 관점에서 접근해 볼 수 있겠다. 우선 본인과 유사한 큰 규모의 자산을 보유한 지인은 수적으로 그리 많지 않기 때문에 자산규모가 큰 고객일수록 추천 기회를 확보하기가 어려울 수 있다. 또, 항공, 레스토랑, 여행 등 일반적인 무형의 서비스업에서는 해당 서비스를 경험한 후에 지인에게 추천하더라도 서비스가 상호 독립적이거나 지인의 동반을 통해 오히려 만족수준이 높아질 수 있으므로 추천의도에 부정적인 영향을 주는 요소는 제한적인데 반해 전담직원의 개인적인 역량에 많이 의존하는 PB의 경우에는 금융자산 규모가 클수록 전문적이고 집중적인 자산관리에 대한 니즈가 증가한다는 사실에서, 본인의 소개에 의해 전담직원이 지인의 자산관리까지 맡게 되면 전담직원의 본인에 대한 몰입도가 줄어들거나 본인의 자산관리 내역이 지인에게도 노출될 가능성을 염려하여 자산규모가 클수록 추천의도에는 상대적으로 소극적일 수 있겠다. 나아가 지인을 추천해 준 이후 그 지인에게 투자손실이 발생할 경우 지인과의 우호적인 관계가 손상될 수 있다는 우려도 추천에 소극적인 태도를 보여주는 하나의 원인일 수 있을 것이다.

Chapter 04

맺음말

1. 연구의 성과 및 기여

지금까지 살펴본 연구는 고객과 전담직원 사이의 긴밀한 커뮤니케이션을 통한 일대일 프리미엄 자산관리 서비스 영역에서 신뢰를 기반으로 한 고객만족은 고객으로 하여금 해당 은행과 계속 거래하게 하거나 지인을 추천할 의사를 갖게 하는 요체임을 밝힘으로써 PB를 중심으로 WM부문을 장기적인 성장 동력의 하나로 육성하려는 은행이 추구해야 할 핵심가치가 무엇인지 보여주고 있다. 제조업이든 서비스업이든 경기변동이나 경쟁상황의 변화 등에도 불구하고 안정적인 매출 또는 수익을 창출하는 확고한 성장기반이 되는 '고객만족'은 언제나 마케팅 부문의 최대관심사인 반면에 업종과 제품의 특성, 고객의 유형과 니즈 등에 따라 '만족'의 내용과 창출방식은 다를 수밖에 없을 것이다.

다수의 선행연구들이 제시한 금융서비스 부문 고객만족 서비스품질 요인들을 기초로 하되 연구대상이 프리미엄 자산관리 영역이라는 점을 고려하여 추가로 선정한 서비스품질 요인까지에서 본 연구는 상호작용품질과 자산관리 결과품질 및 물리적 환경품질 등 전통적인 서비스품질 요인들의 고객만족에 끼치는 긍정적인 영향을 확인하였다. 이에 반해 인적 배경품질은 고객만족과 유의미한 관계를 형성하지 않는다는 점을 보여줌으로써 성공적인 프리미엄 자산관리 부문 육성을 위해 실무적인 차원에서 은행이 집중적으로 관심을 갖고 준비해야 할 사항들이 무엇인지 발견할 수 있었다는 점에서 우선 의의를 찾을 수 있겠다. 또 서비스품질로부터 형성된 고객만족의 매개 작용을 통해 고객으로 하여금 해당 프리미엄 자산관리 서비스에 대한 계속이용의도와 지인에 대한 추천의도에도 긍정적인 반응을 갖게 함을 보여줌으로써 치열한 경쟁 환경 속에서 어떻게 안정적인 경쟁력을 확보하여 비용효율적인 차별화를 이루어 낼 것인지 방향성을 제시해 주고 있다. 즉, 고객과 전담직원 사이의 긴밀한 신뢰에 기초한 프리미엄 자산관리 영역에서의 고객만족은 전담직원을 고려하지 않은 일반 연구들에 비해 고객만족의 매개효과가 크고 지속적으로 나타나게 될 것이라는 점을 발견한 것에도 의미가 있겠다.

한편, 다수의 서비스품질 요인들 중 전담직원의 전문성, 공감성, 반응성으로 구성된 상호작용품질은 성과에 대한 기대 및 고객만족에 핵심적인 영향을 미치는 선행요인임을 확인하였으며 동시에 공감성은 그 자체만으로는 고객에게 성과에 대한 기대를 가져오게 하지는 못한다는 점을 보여줌으로써 은행은 고객들이 상호작용품질의 세부 항목들에 대해 각기 다른 반응을 보일 수 있다는 점에 유념할 필요가 있겠다. 특히 고객만족의 사후결과로 해당 자산관리 서비스에 대한 계속이용의도와 추천의도를 확인했다는 점에 머무르지 않고 지인에 대한 추천의도의 경우 관리자산 규모가 큰 고객은 관리자산 규모가 상대적으로 작은 고객에 비해 소극적인 태도를 나타내었다는 점을 확인함으로써 고객이 직면한 개별여건에 따라 복잡하고 이중적인 심리 상황이 전개될 수 있으며, 따라서 충분한 교감 없이 다수 고객들의 니즈와 해법을 일률적으로 예단하는 것은 바람직하지 않다는 것을 파악했다는 점에서도 본 연구의 의의가 적지 않다고 하겠다. 즉, 프리미엄 자산관리 영역에서 자산규모의 조절효과를 검증한 것은 기존 연구들이 다루지 않았던 본 연구의 성과 중 하나라고 할 수 있겠다. 또한 이와 같은 연구결과들은 선행연구들로부터 검증된 서비스 품질관련 이론적 토대들을 강화하고 논의의 주제를 다양화하고 있다는 점에서 학문적인 차원에서도 기여하고 있는 것으로 판단된다. 먼저, 본 연구는 은행을 비롯한 금융서비스 산업을 대상으로 다양한 차원과 유형으로 전개되었던 품질관련 연구 모형들 중 상호작용품질, 결과품질,

물리적 환경품질로 대표되는 3차원 모형의 적용대상을 거래 편의성 위주의 서비스 환경을 넘어 프리미엄 자산관리 서비스 영역에 접목해 보았으며, 고객만족 등 종속변수에 미치는 결과값 역시 3차원 모형의 틀 속에서 가동되었다는 점을 발견함으로써 동 모델의 범용성을 재확인하였다. 또한 개인 자산 규모의 조절효과 분석을 통해 자산관리 서비스에 만족한 고객이라도 거래자산의 규모에 따라 추천의도에 차이가 있음을 밝혔다는 점에서도 본 연구는 학술적으로 기여하고 있다. 이런 분석 결과는 거래자산의 규모가 큰 고객일수록 은행의 서비스에 대해 주변 지인에게 추천하는 행동 의도에는 상대적으로 미온적인 것으로 나타나 영업현장의 실무자들에게는 복합적인 고객의 심리를 잘 이해하고 서비스를 제공하는 것이 매우 중요함을 일깨워 주고 있다.

이처럼, 서비스품질에 만족한 고객이라도 보유 자산의 규모에 따라 추천의도에 차이가 나는 것은 인간의 행동에 관한 두 가지 해석 관점인 합리적 행동이론(Theory of Reasoned Action; TRA)과 계획적 행위이론(Theory of Planned Behavior; TPB)의 시각에서 바라볼 수 있겠다. 합리적 행동이론(TRA)에 따르면 자신의 의사결정기준에 부합하는 고객만족은 추천의도로 자연스럽게 귀결되지만, 계획적 행위이론(TPB)의 관점에서는 인식된 행동 통제에 따라 본인이 상황을 통제할 수 있다고 판단하면 본인의 당초 생각을 반영하여 실제행동에는 영향이 없으나 통제하지 못한다고 생각하면 본심과 달리 실제 행동으로는 옮기지 않을 수도 있다(Madden et al., 1992). 즉, 본 연구와 관련지어 보면 자산규모가 큰 고객일수록 지인을 추천한 이후에는 한정된 역량을 가진 전담직원의 역량이 분산됨으로써 그로 하여금 자신의 자산관리에 집중하게 할 수 있도록 통제하기 어려울 수도 있다는 시각에서 추천을 꺼려할 수도 있다는 것이다.

관리자산(Asset Under Management; AUM) 증대와 수익원 확보의 일환으로 은행의 WM사업은 신규고객 확보를 위한 효율적인 수단으로 고객에 의한 추천제도(Member Get Member; MGM)를 활성화하려고 하지만 위와 같은 이유들로 그 결과는 제한적일 수 있다. 만일 서비스품질에 대한 고객의 경험이 부정적일 경우에는 불만족으로 연결되어 고객이 이탈할 가능성이 커지는 것은 물론이고 관리자산의 규모와 상관없이 추천의도에 대해서도 호응을 받기 어려울 것이다. 따라서 부동산 자산 대비 금융자산의 비중이 높아지는 우호적인 환경이 조성되고 복합적인 자산관리 니즈가 확대되는 상황에서 신규고객 확보는 물론 기존 고객의 단위당 AUM 증대를 통해 안정적인 성장 동력을 확보하는 지름길은 결국 WM분야에 종사하는 전담직원의 서비스품질 역량을 키워 고객의 신뢰를 얻어내는, 기본에 충실한 자산관리자가 되는 것에 있음을 시사하고 있다.

요약하자면, 본 연구는 금융 자산관리시장이 확대되고 있고 시장 참여자 모두 각자의 입장에서 경쟁력을 제고할 필요성을 인식하는 가운데, 프리미엄 자산관리의 서비스품질이 고객만족을 매개로 계속이용의도와 추천의도에 어떻게 영향을 미치며, 주된 서비스품질의 내용은 무엇으로 구성되어 있는지, 서비스에 만족한 고객이라도 자신의 자산규모에 따라 추천의도와의 연관성에 차이가 있는지 등에 관한 실증분석 결과를 제시하였다. 자산관리의 경험이 길지 않은 가운데 은행을 비롯한 금융회사나 소비자 모두에게 WM이 생존의 중요한 수단이 되어 가고 있는 현실에서 각자의 욕구가 충족되기 위해서는 보다 긴 호흡으로 본질에 집중하는 현명한 시장참여자가 되는 것이라고 판단되며 본 연구결과가 작은 밑거름이 되기를 기대한다.

2. 정책적인 제언

최근 저금리, 저성장, 고령화라는 국내적 환경과 자산관리의 글로벌화 추세에 맞추어 PB영역에 속하는 최상의 부유층 뿐 아니라 대중 부유층에 이르기까지의 고객을 주요 영업대상으로 하는 WM 부문은 은행 뿐 아니라 증권, 보험 권역을 망라한 국내 금융권 전체의 관심사이자 화두가 되고 있다. 단순히 수익의 원천을 다변화한다는 차원을 넘어 WM 부문에 대한 관심과 육성의지는 저금리 환경으로 축소되고 있는 순이자마진율과 낮은 경제성장률로 정체된 이자수익을 비이자 수익으로 보완하여 안정적인 수익력을 확보하고 장기적인 생존을 담보해야 하는 은행의 절박한 사정에 기초하고 있다. 또한 핀테크와 로보 어드바이저, 인공지능의 시대가 도래하고 있으나 WM 부문은 인적 자산의 조기대체가 어렵고 전문역량이 요구되는 핵심 노동인력의 수요처라는 점에서도 유망한 부가가치 창출처의 하나로 인식되고 있다. 부유층의 전유물이라고 할 만큼 그동안 자산관리 서비스에 대한 수요 역시 제한적이었으나 저금리와 고령화라는 급격한 환경변화 속에 이제는 중산층에 이르기까지도 관심을 기울일 수밖에 없는 것이 현실이 되어가고 있다. 이런 상황을 고려할 때 우선 은행은 프리미엄 자산관리의 핵심 성공요소들을 충분히 파악하여 구조적인 기반을 마련한 후에 PB센터 등 관련 영업채널을 통해 충분히 경험하고 내재화함으로써 점차 일반 WM 영역으로까지 그 노하우를 확산시켜 나가는 것이 바람직해 보인다. 이러한 발전경로로 이행하기 위해 은행은 먼저 WM의 정점에 있는 프리미엄 자산관리의 역량을 확고하게 갖추고 정착시킬 필요가 있겠다. 그런데 개별적인 정책대안을 제시하기에 앞서 보다 중요한 것은 본 연구를 통해서도 강조된 바와 같이 프리미엄 자산관리 서비스의 본질적인 요구환경에 대한 근본적인 이해를 바탕으로 해야 한다는 점이다. 2016년 기준으로 지난 5년간 연평균 10%이상의 성장률을 보이고 있는 AUM 10억원 이상의 프리미엄 자산관리시장에서 기존 고객 및 신규 고객으로부터 AUM을 추가적으로 창출하는 가장 효율적인 방법은 결국 고객만족과 이를 통해 형성된 장기적인 신뢰관계에 있음을 알 수 있었다. 그리고 고객만족에 이르는 핵심적인 품질은 고객의 기대에 부응하는 세후 수익률의 실현 정도를 나타내는 결과품질에 달려 있다고 볼 수 있는데, 그것은 자산관리를 위탁한 고객의 핵심적인 요구사항일 뿐 아니라 은행의 입장에서도 본원적인 역할에 해당하기 때문이다. 다만 프리미엄 자산관리의 수요자인 고객마다 처해 있는 개별상황과 기대수준이 다르기 때문에 전반적인 자산관리과정의 각 단계별로 이를 철저하게 파악하고 반영해 나가는 고객 맞춤식 서비스 제공이 필수적이라는 인식이 가장 중요하겠다.

개별 금융회사들은 업종의 특성과 자사의 전략, 목표 등의 따라 Wealth Management의 운영 시스템을 달리 설계할 수 있는 반면 소비자들은 자산관리 서비스의 소극적 수혜자라는 점에서 자신의 색깔을 입혀 Wealth Management를 주도하기에는 한계가 있을 것이다. 그러나 '고객만족'을 중심개념으로 두고 프리미엄 자산관리 서비스 품질의 완성도를 높이기 위해서는 은행 뿐 아니라 전담직원, 소비자에 이르기까지 시장에 참여하는 주요 당사자들 각자에게 적극적인 준비와 역할이 요구된다. 이에 여기에서는 성공적인 자산관리를 위해 은행, 전담직원 및 소비자 등 주된 이해관계자 각각의 역할과 상호 조율에 초점을 맞추어 정책적인 대응방안을 제시해 보고자 한다.

먼저 프리미엄 자산관리 부문을 육성하고자 하는 개별 은행들은 자사의 목표나 전략 등에 따라 전반적인 운영 시스템을 다양하게 설계할 수 있겠으나 프리미엄 자산관리 서비스 시장의 조성과 경쟁력 확보의 주체로서 본 연구에서 논의된 고객만족에 이르는 선행품질 모두를 질적으로 향상시켜야 할 주된 책임을 부여받고 있다. 우선 가장 중요한 품질이자 고객의 기대 대비 나은 실현수익률로 정의될 만한 결과품질에 대해서는 영향을 끼치는 요인들이 워낙 다양해 항상 만족할 만한 결과를 가져오게 하는 것은 거의 불가능에 가깝다고 할 수 있으나 본부에서 다음과 같은 체계를 갖추고 고객 접점을 지원할 경우 충분히 개선될 수 있을 것으로 보인다. 물론 이것들은 자산관리 부문의 구조적 기틀을 보강하는 장치에 해당하기 때문에 프리미엄 자산관리 과정에만 필요한 것은 아니다.

첫째, 수시로 국내외 영역별 금융시장 정보를 취합하고 스크리닝(screening)한 후 내부의견(in-house view)을 가미하여 프리미엄 자산관리 영업현장에 적기에 제공할 수 있어야 하며, 예측 가능성을 높이고 오판을 최소화할 수 있도록 본부의 전문역량을 집중 육성할 필요가 있다. 이것은 자산관리의 첫 번째 성공요소로 본부의 상품 제조 또는 아웃소싱 과정은 물론 궁극적으로 영업현장에서 고객에게 제안될 시장전망과 이에 근거한 포트폴리오의 내용을 결정할 핵심적인 부분이라고 할 수 있겠다. 둘째, 자체적으로 정리한 국내외 시장전망에 연계하여 유망하다고 판단되는 주식, 채권, 펀드, 신탁, 보험 등 분야별로 경쟁력 있는 금융상품 들을 적기에 선별, 조달하여 영업현장에 제공하고 주기적인 점검과정을 거쳐 추천상품군을 지속적으로 최신화 할 수 있어야 할 것이다. 대체로 한국의 경우 자산운용회사들에 비해 판매채널의 교섭력(bargaining power)이 큰 만큼 대표적인 판매망을 갖춘 은행이 고객의 이익과 자신의 성장을 위해 이러한 역할에 충실하다 보면 자연스럽게 자산운용회사들 간의 역량경쟁을 촉진시킴은 물론 사회 전체의 후생을 위해 한정된 자원을 효율적으로 배분하는 기능을 담당하게 되는 효과도 있다.

셋째, 금융시장에 대한 예측과 고객의 자산 보유상황 및 투자성향 등을 고려한 포트폴리오 제안과 실행, 시장 변동 상황과 고객의 의사를 반영한 정기 또는 수시 재조정(re-balancing) 등 사후관리에 이르기까지 프리미엄 자산관리의 핵심적인 활동이 꾸준히 수행되어야 하며 이 모든 과정을 전담직원의 개인적인 역량에만 의존하는 것은 한계가 있다. 따라서 자산관리의 전체 단계를 지원하는 IT 시스템을 구축하여 지원 비중을 높여 나가는 것이 바람직하다. 아무리 뛰어난 역량을 가진 직원이라도 각기 다른 환경에 노출된 다수의 고객들에게 일일이 맞춤식으로 대응하는데 수작업만으로는 한계가 있으며, 고객의 수용과 몰입을 위해서라도 상담 과정에서 IT 기반의 비주얼(visual)한 지원 역시 요구된다. 더구나 결과품질의 수준을 판단하기 위해서는 고객별로 개별 상품 또는 포트폴리오 전체에 대한 목표수익률 도달 여부를 수시로 파악할 수 있어야 한다는 점에서도 그 중요성을 간과하기 어렵다.

넷째, 금융영역의 자산관리가 은행의 핵심적인 역할이지만 고객의 관점에서 보면 전체 자산관리 과정에서 중요한 축을 담당하는 세무, 부동산, 법률적 이슈 등에 관한 어드바이저리(advisory) 지원 체계를 갖추는 것도 현실적으로 매우 큰 경쟁력을 가진다고 하겠다. 예컨대 KB금융지주 경영연구소의 2016 한국부자 보고서에서도 이미 부를 창출한 고자산가들의 입장에서는 1%의 추가적인 금융투자 수익률보다 부의 대물림 과정에서 부과될 거액의 증여세를 절세할 수 있는 방안을 찾아주는 서비스에 더욱 만족감을 표시하고 있음을 보여 주고 있다. 당장은 어드바이저리 지원 체계 구축에 소요되는 인적, 물적 비용이 적지 않겠으나 자산관리 서비스 시장 전반을 촉진하는 계기가 되어 성장에 대한 기회가 많아질 뿐 아니라 비 금융자산관리 서비스 부문에까지 수수료를 부과할 수 있게 되면 선점효과까지 누릴 수 있을 것으로 예상된다.

한편, 고객들에게 전담직원을 통해 인식되는 상호작용품질 수준은 결과품질을 높이고자 하는 은행의 상기 조치들과 더불어 프리미엄 자산관리 전담직원의 기본역량 및 의식에 관한 본부 차원의 품질관리를 통해 통합적으로 조성될 수 있으며, 결국 전담직원 개인을 통해 표출되는 상호작용품질은 직원의 개인적인 역량과 본부의 지원 역량의 합작품이라고 할 수 있겠다. 먼저, 은행은 영업조직단위 이외에 전담직원 개인별로도 핵심성과지표(Key Performance Indicator; KPI)를 설정하여 성과를 측정하고 그 평가결과를 승진이나 금전적인 보상에 반영하는 인력운영시스템을 갖출 필요가 있겠다. 물론 과도한 인센티브 구조는 불완전 판매를 조장할 가능성이 있는 만큼 균형감 있는 성과보상시스템을 마련할 필요가 있으며, 은행측과 고객 사이에 이해가 상충되지 않고 서로의 지향점이 일치하도록 개인평가 KPI에 고객의 목표수익률 대비 실현수익률 수준을 포함시키는 것도 바람직해 보인다.

둘째, 프리미엄 자산관리의 전담직원은 여러 분야의 전문지식을 갖추고 다양한 성향과 복잡한 상황을 가진 고객들을 응대해야 하므로 은행은 적정 인력의 선발, 배치, 이동 및 교육 전반에 걸쳐 체계적인 관리방안을 마련할 필요가 있다. 유능하고 잠재력 있는 직원들의 호응도를 높이기 위해 사전에 관련 보직에 대한 선발요건과 운영기준을 명확하게 제시하고 면접절차를 거쳐 자격을 갖춘 직원들을 보임케 하되 승진, 급여구조 등을 매력적으로 설계하는 것이 중요하다. 바르고 정직한 자세, 자신의 일에 의욕적이되 타인의 말을 경청할 줄 아는 태도야말로 업무에 대한 전문적 역량보다 더욱 비중 있게 다루어야 할 덕목이라고 판단되며, 내부에서 필요인력 충원이 충분하지 않으면 기준을 하향하여 충원하기보다는 브랜드의 일관성을 유지하기 위해 조직외부에서 추가로 조달하는 방안까지 강구해 볼 필요가 있겠다.

끝으로, 프리미엄 자산관리 서비스에 있어서 물리적 환경품질은 고객과의 자유스러운 상담이 가능하고 비밀이 보호되는 독립된 공간이 확보되어야 한다는 점에서 중요하다. 다만, 편리한 주차시설이나 대여금고 제공, 선물 등에 의한 기념일 관리 등 무료 위주의 부대 서비스가 강조되는 측면도 있었으나 그 동안 본질적인 서비스가 충분하게 제공되지 못했던 결과의 반향이지 이들이 고객만족의 결정적인 요소는 아닌 것으로 파악된다.

고객과의 접점에서 현실적인 '만족'을 이끌어 내어야 할 실질적인 주체는 바로 전담직원이라고 할 수 있겠다. 해당 은행 프리미엄 자산관리 부문 브랜드의 동일성과 가치 유지를 위해서는 앞서 언급한 본부의 인력관리 정책 수립 및 운영이 선행되는 것을 전제로 전담직원은 고객이 인식하는 상호작용품질의 최종적인 제공자로서 적정수준 이상의 전문성과 공감성, 반응성을 보유하여야 한다. 특히 이 요소들은 계량화하기가 어렵지만 그렇다고 해서 그 중요성이 결코 간과될 수는 없다. 우선 전담직원은 각 고객마다 그가 누구인지 어떤 상황에 놓여 있으며 무엇을 원하는지에 대해 충분하고도 심도 있게, 지속적으로 정보를 획득하여 고객지향적인 자산관리의 기초로 삼아야 한다. 물론 여기에서는 적합한 포트폴리오 유지, 관리를 비롯해 다양한 해법이 필요할 수도 있는 서비스를 제공하기 위해 고객의 투자성향을 꾸준히 파악하는 것을 포함하여 자산관리과정 전반에 걸쳐 고객과 정보를 공유하고 눈높이를 맞추는 과정이 가장 중요하다고 하겠다.

이와 관련하여 은행에서 프라이빗 뱅커로 활동하고 있는 직원의 얘기를 들어보자.

> "영어를 배우는 데에는 왕도가 없다고 얘기하듯이 고객관리에서도 언제나 통할 수 있는 법칙은 없다고 생각합니다. 동일한 방법을 썼더라도 고객이 받아들이는 정도는 늘 같지 않았으며, 어긋나는 일도 많이 있었습니다. 누구는 고객과 연애하듯이 밀고 당기고 하라고 하지만 고객은 그것과는 다를 수밖에 없는 것 같습니다.

프라이빗 뱅커로서 근무하는 기간이 길어질수록 고민되는 한 가지는 고객의 숨은 의도를 파악하는 일입니다. 나는 고객을 1:1로 상대하지만 고객은 자신의 자산관리 문제에 대해 나 이외의 다른 금융회사 직원으로부터도 자문을 구하고 있을 겁니다.

제가 경험한 대표적인 고객 발굴 성공사례 한 가지는 수용토지 보상자금 유치에서 나왔습니다. 개인 신분으로 최고 수준의 보상금액을 받는 분을 만나기 위해 그 분의 자택으로 찾아갔습니다. 여러 금융회사 직원들이 그야말로 문전성시를 이루고 있는 상황이었으며, 저와 동일한 은행에 다니는 사람들도 여럿이 다녀갔다고 하더군요. 그 어르신의 첫마디는 "나는 어느 한군데로 몰아주지는 않을 거야. 금액이 많아서 나눠줄 거야"라는 말이었습니다. 한마디로 말해서 금융회사들끼리 경쟁을 시키는 것이었습니다. 처음 뵈었을 때부터 그 말씀을 들었으니까요.

저는 원칙대로 나아갔습니다. 사실상 부모님을 대신하여 움직이는 아들과 접촉해서 세무 상담, 자금 사후관리, 부동산 컨설팅에 이르기까지 다른 사람들이 어떻게 접촉하는지에 대해서는 신경 쓰지 않고 '되면 좋고, 안되면 할 수 없지'라는 심정으로 꾸준히 만났습니다. 저만 그렇게 하지는 않았을 것입니다. 다만 저의 집과 상대적으로 가까워 찾아가서 만나고 출퇴근 하는 것은 아무래도 제가 유리했던 것 같습니다.

중간에 큰 위기도 있었지만 은행 본부소속 자문 세무사의 도움으로 완벽에 가까운 브리핑과 함께 그 분이 소유하고 있는 등기부등본상의 토지목록에 맞춰 세금관련 내용을 담아 책자로 만들어 드렸습니다. 이런 과정을 거쳐 그 분의 가족들은 물론 종친회 소유 토지 보상자금까지 아주 큰 규모의 자금을 3년간에 걸쳐 유치하는데 성공하게 되었습니다.

'나눠줄 거야' 라는 말씀은 결과적으로 자신의 자산을 관리해줄 제대로 된 전문가를 찾고 싶다는 뜻이었지 실제로 나눠서 관리하려고 한 것은 아니었습니다. 자산규모가 크고 소중하게 생각될수록 더더욱 그런 마음을 가지지 않을까요? 지금도 돌이켜 생각해보면 그 때 고객의 그 말씀을 액면 그대로 믿고 최선을 다하지 않았다면 아마도 그 분과의 인연은 이어지지 않았을 것입니다. 고객의 상황을 이해하고 끝까지 정성을 다하는 모습, 그것이 고객으로부터 신뢰받는 첫걸음이 아닐까 합니다."

둘째, 전담직원은 프리미엄 자산관리의 전문가로서 국내외 경제 및 금융시장과 금융상품들에 대한 전문적인 지식은 물론 세무나 부동산 등 비금융 자산관리 분야에 관한 지식들도 충분히 쌓아둘 필요가 있다. 다만, 전문성은 절대적이거나 고정된 개념이 아니라 시장의 변화와 정보의 흐름을 반영하여 계속 업데이트 되어야 하며, 전문 지식은 그 자체로서가 아니라 고객과의 상담과정 또는 상품 선정과정에서 적절히 활용되어야 의미가 있다.

사실 제대로 된 자산관리 전문가가 된다는 것은 말처럼 그리 쉽지는 않다. 본인의 축적된 역량과 함께 주변 네트워크를 활용하여 고객이 원하는 바를 정확히 인지하고 해결해 가는 과정에서 신뢰가 쌓여가야만 가능한 일이다. 그런 점에서 여기 소개하는 프라이빗 뱅커는 자신의 경쟁력을 잘 다듬어 가고 있다고 하겠다.

"고객과의 첫 만남은 항상 설렘 반 두려움 반인 것 같습니다. 첫인상을 좋게 만들 수 있다면 다음 순서가 순조롭고 원활하게 진행되지만 그렇지 않으면 더 많은 노력과 수고가 필요할 것입니다. 특히 연초에 인사이동으로 전담직원이 바뀌면 고객은 새로운 인물에 대한 생소함과 불편함으로 관리자산을 중복 거래하는 다른 금융회사로 옮기는 경우도 있습니다. 인사 한번 제대로 나눠 보지 못했는데 관리자산이 감소하는 것이죠.

어느 해 연초에 동료직원이 다른 점포로 이동할 때 그의 관리고객 중 한 분을 제가 인수받게 되었습니다. 대기업 임원으로 퇴임하면서 계열사 회장 직을 맡고 계셨는데 기존 담당직원의 승진을 기원하며 수십억원의 다른 은행 예치자금을 추가로 맡겨줄 정도로 전임 직원과의 관계가 매우 돈독하였습니다. 제가 들어갈 틈이 있을까 많이 염려되는 상황이었습니다. 기존 담당직원의 소개로 일단 제 명함을 드렸고 다음 미팅 일정을 정해주시면 간단한 제 소개와 회장님 당부사항을 메모하겠노라고 말씀드렸습니다. 그 이후 첫 미팅에서 좋은 이미지를 남기고자 회장님의 금융거래 현황을 파악하기 시작했습니다. 최근 6개월 동안의 입출금 내역, 최근 3년간의 과세표준, 비과세 한도, 생활비 수준 등 제가 파악할 수 있는 범위 내에서 꽤 다양한 내용이었습니다. 최근의 개정세법 내용은 물론 고객님께 도움이 될 만한 사례가 있는지, 바로 답변을 드릴 수 있는 예상 질문에 이르기까지 여러 가지를 준비했습니다.

첫 미팅에서 저의 간단한 프로필과 함께 주변 네트워크를 통해 부동산 또는 세무관련 자문서비스까지 제공해 드릴 수 있음을 말씀 드리며, 그의 보유자산 현황을 상세하고 객관적으로 설명해 드렸습니다. 또한 개정세법으로 인해 소득세 최고세율이 상향되었음은 물론 건강보험료 개정 내용이 담긴 신문스크랩, 장기저축성보험 비과세 한도 축소, 당해 연도에 예상되는 과세표준 수준까지 안내해 드렸습니다. 예상 외로 금융소득이 많아질 것을 인지한 고객은 저에게 전반적인 재무상담을 요청하였습니다. 다만 본인은 재산을 늘려가기 위해 공격적으로 투자하기 보다는 금융자산을 지키기 위한 재무설계가 필요한 사람이니 제안서를 작성할 때 참고해 달라고 하셨습니다. 한편으로는 이번 프리젠테이션을 통해 저의 실력을 전반적으로 테스트해 보려고도 하신 것 같습니다. 지난해 종합소득세 과세신고 자료와 올해 발생 가능한 급여소득 및 임대소득, 다른 금융회사 보유자산으로부터의 소득에 대한 자료를 수집하여 다음 미팅을 준비하였습니다. 또 조만간 퇴직을 앞두고 지역건강보험료 부담에 대한 대응방안도 미리 마련해 두었습니다.

두 번째 만남에서는 건강보험의 보험료 부과기준을 간략히 설명 드린 후에 직장건강보험에서 지역건강보험으로 전환할 때에 보험료 부담을 줄이기 위해 임의계속가입자 제도가 있으니 활용해 보실 것을 안내해 드렸습니다. 금융소득 발생 규모에 따라 최종적으로 적용되는 종합소득세율과 그에 따른 세금 부담을 숫자로 설명해 드렸고 안전한 금융상품 만을 통해 자산을 관리하신다면 비과세 절세상품을 활용하실 것을 제안해 드렸습니다. 이러한 진행을 통해 고객은 본인의 자산관리를 위해서 제가 객관적이고 전문적인 시각으로 최선을 다해 도움을 드리려 한다는 것을 인식하셨고 조금씩 신뢰가 쌓이기 시작했습니다. 최종적으로 절세를 위한 상품제안을 요청하셨고 다음 미팅에서는 상품유형과 금액을 결정하기로 약속하였습니다.

세번째 미팅을 가졌습니다. 두 번의 미팅으로 고객은 저의 의견에 귀를 기울이게 되었고 투자성 상품 제안에도 귀를 기울일 만큼 마음의 문을 열기 시작하였습니다. 제가 작성한 제안서에는 많은 정보와 다양한 금융상품, 최신 트렌드 등을 포함하고 있어서 고객으로부터 신뢰를 얻는데 큰 도움이 되었습니다. 상담시간은 점차 줄어들었고 의사결정은 빨라지게 되었습니다. 결국 추천했던 보험상품 중 5년납 선납플랜의 제안서는 예상금액을 초과하여 마무리 되었고 다른 은행에 예치하던 자금에 대한 관리까지 요청하셨습니다.

10여년간 프라이빗 뱅커로 일하면서 느낀 절대 변하지 않을 불변의 진리는 고객의 기대를 뛰어 넘는 고객만족이야말로 믿음과 신뢰의 원천이며 단계가 쌓여가면서 고객과의 관계는 더욱 돈독해 진다는 사실입니다.

고객이 주로 기대하는 것은 투자수익률일 수도, 절세일수도, 선량하고 성실한 관리 자체일 수도 있을 것입니다. 고객마다 개별적인 니즈를 정확하게 파악한 다음 그에 꼭 맞는 대응과 제안으로 마주할 수 있다면 고객과 나 사이에는 서로 떼어 놓을 수 없는 관계의 인연으로 묶여진다고 생각합니다. 어떻게 하면 고객의 기대수준 이상으로 만족을 드릴 수 있을까에 초점을 맞출 수 있다면 매우 유용한 카드를 가지고 테이블 미팅에 참여하는 것과 같다고 말씀드리고 싶습니다."

셋째, 전담직원은 고객에게 자산관리 서비스를 제공하는 과정에서 직면하는 제반 의사결정 국면마다 고객의 가치를 우선시하는 이른바 공감성을 확보하여야 한다. 겉과는 달리 내심으로 은행과 자신의 이익을 먼저 앞세우다 보면 한두 번은 통할지 몰라도 고객으로부터 꾸준하게 신뢰를 얻거나 고객에게 만족감을 주는 것은 어려운 일이다. 고객에게 가치 있는 사안을 파악하고 해법을 탐구하는 과정에서 고객의 말을 적극적으로 경청하다 보면 그 자체로 고객만족을 유발할 수 있을 뿐 아니라 판단의 오류를 범할 가능성도 대폭 줄일 수 있게 될 것이다.

여기에 고객 가치 중심의 영업을 통해 고객만족은 물론 결과적으로 자신의 영업에서도 큰 실적을 거둔 또 다른 프라이빗 뱅커의 목소리를 들어 보자.

"제가 프라이빗 뱅커로 일하면서 늘 마음 속에 두고 있는 원칙 중 하나는 고객을 위한 '포트폴리오 자산배분 관리'입니다.

2008년 글로벌 금융위기를 경험하고 나서 저의 가장 중요한 책무로 뼈저리게 느낀 점은 '글로벌 금융시장은 늘 변하게 마련이다. 어떤 상황에서도 고객들께서 자신의 본업에 충실하실 수 있게, 다리 뻗고 주무실 수 있게 자산배분을 잘 해드리자'는 것이었습니다.

기존 동료로부터 인수받아 자산을 관리해 드리게 된 의료재단 이사장인 A고객은 관리자산 규모도 꽤 큰데 포트폴리오 내역을 보니 보험 상품은 하나도 없었습니다.

원래 관리 담당자였던 동료에게 물어보니 금융거래를 은행, 증권회사, 보험회사 등으로 금융회사의 성격에 맞추어 스스로 나누어 하는 고객이라서 보험 상품은 따로 권할 필요가 없다는 것이었습니다. 그러나 저의 생각은 달랐습니다. 은행의 방카슈랑스를 통해 보험상품을 가입하더라도 경쟁력을 갖춘 부분이 있으니 거론 자체를 하지 않을 필요는 없다는 생각이 들었습니다.

보유자산 현황을 보고해 드리고자 고객을 방문하였더니 아닌 게 아니라 다양한 금융회사 직원들이 줄을 서서 대기하는 정도였습니다.

저는 포트폴리오를 조정할 경우 예상되는 수익과 절세액 등이 포함된 자료를 일목요연하게 만들어 제안을 드렸습니다

고객께서는 금융회사 직원들을 통해 워낙 다양한 상품들을 경험하다 보니 이해도 빠르고 저의 제안에 흔쾌히 호응해 주셨습니다. 그 결과 몇 차례에 걸쳐 방카슈랑스 부문에서도 수십억원의 추가 계약을 맺을 수 있었습니다.

이 얘기를 들은 예전 담당 직원이 놀란 것은 물론이고요.

선입견이나 고정관념을 깨고 고객의 관점에서 접근하다 보니 고객과 은행 모두에게 윈윈이 되었다고 할 수 있겠습니다.

그 고객분께서 저에게 가장 강조하시는 말씀은 자신의 자산을 저의 자산인 것처럼 관리해 달라는 것입니다. 저라면 제가 권하는 금융상품에 가입할 수 있을지 거듭 고민한 연후에 권유해 달라는 것입니다.

아마 고객분들께서 가장 절실하게 원하는 것은 '믿을만한 자산관리자'가 아닐까 합니다. 역설적으로 보면 주위에 믿고 맡길만한 사람이 그리 많지 않다는 것을 말해 주는 것은 아닐까요?"

마지막으로 전담직원은 자산관리 과정에서 생기는 고객의 궁금증을 바로바로 해소하고 고객마다의 눈높이에 맞는 용어와 어휘를 사용하여 설명할 수 있는 반응성을 갖추어야 한다. 10 수준의 전문지식을 가진 선생님이 학생들의 이해도를 고려하지 않고 자신의 기준으로 강의함으로써 결과적으로 5 수준만큼만 이해하도록 전달한 것과, 비록 8 수준의 전문지식을 가진 선생님이 학생들이 쉽게 이해할 수 있는 방식으로 강의하여 8 수준을 그대로 이해할 수 있게 한 것을 비교하자면 후자의 경우에서가 더욱 훌륭한 선생님이라고 평가할 수 있는 것과 같은 이치

이겠다. 고객에게 유용한 상품이나 포트폴리오를 제안하더라도 고객의 이해와 수용성이 부족하다면 적정 수준에 이를 때까지 반복해 가며 도달여부를 파악해야 하며, 전담직원이 자신이 설계한 대안 속으로 고객을 일방적으로 유도하는 방식이어서는 곤란하다.

자산관리 분야에서 만족의 주체이자 동시에 고객만족을 조성해야 할 마지막 주체는 자산관리 서비스를 받는 고객 자신이라고 할 수 있겠다.

프리미엄 자산관리 서비스 제공 대상으로서의 고객에는 이성적이고 합리적인 소비자를 상정하고 있으며 예컨대, 고수익-고위험, 저수익-저위험의 균형감에서 벗어나 고수익-저위험의 투자마인드를 가진 국외자(outlier)와 같이 완전히 주관적인 소비자의 특유한 만족에까지 관심을 가질 수는 없는 일이다.

자산관리 서비스에 대한 소비자로서의 고객은 전담직원과의 상호작용 과정, 자산관리의 결과, 물리적 환경 등을 통해 만족여부에 대한 주관적인 평가를 내리게 되겠으나 자신이 자산관리 프로세스에 적극적으로 참여할수록 전반적인 만족수준은 높아지게 될 것이다.

첫째, 아무리 전문가의 조언과 자문을 받더라도 스스로의 자산관리 철학과 준칙을 세우고 지켜나가는 것이 중요하다. 경제 및 금융에 대한 체계적인 학습이 필요하며, 자신만의 이해기반이 없으면 올바른 의사결정을 내리기도 어렵고 쉽게 휘둘릴 수 있다.

가령 가치투자에 관심을 갖는 투자자의 예를 보자.

가치투자자는 기업의 가치를 중시하여 주식에 투자하는 사람으로, 주로 기업의 순자산가치, 성장가치, 수익가치 등에 초점을 맞춘다.

가치투자의 창시자인 벤저민 그레이엄 이후 가치투자자들은 기업 지분의 일부를 사서 직접 소유한다는 자세로 투자하는 사람들이 많으며 비교적 장기투자를 영위하는 경향이 있다.

따라서 가치투자를 하려면 좋은 기업을 고를 수 있는 안목을 가져야 하는데 획일적인 기준이 있는 것은 아니지만 스스로 투자대상기업에 관한 핵심적인 부분을 파악해 낼 수 있어야 한다. 우선 관심기업의 재무제표를 보고 이익잉여금과 부채비율 두 가지는 반드시 살펴보는 것이 바람직하다.

특히 이익잉여금이 더 중요한데, 좋은 기업이라고 알려져 있음에도 불구하고 이익을 쌓아놓은 것이 별로 없다면 대주주가 돈을 가져갔다는 의미로 기업을 키우는 것보다는 개인의 재산을 늘리는 데 더 관심을 가졌다고 해석할 수 있겠다. 요즘과 같은 저금리 시대에는 배당수익률이 최소한 금리보다 높은 기업이라면 주주와 더불어 성장하겠다는 생각을 가진 괜찮은 기업이라고 봐도 무방할 것이다. 무슨 일을 하는 회사인지 쉽게 알 수 없을 정도로 엉뚱한 영어 단어를 나열해 어떤 업종의 기업인지도 알 수 없게 하거나 신기술을 지나치게 강조하는 기업 등도 실무적으로는 투자를 재고해 볼 필요가 있겠다.

이처럼 어떤 관점에서의 투자이든 자신의 소중한 보유자산인 만큼 중요한 의사결정 단계에서는 전문가에게 일임하기보다 적극적으로 개입하고 함께 주도하는 것이 바람직하다. 전담직원은 자산관리의 동반자여야지 주인의 뜻에만 충실한 집사와 같은 역할만을 수행하는 것은 적절치 않다.

즉, 절차상 금융회사의 전문가로부터 상담서비스를 받고 수수료를 부담하며 금융상품에 가입하지만 의사결정의 최종 책임자는 투자자 본인이고 그 결과도 고스란히 본인에게 귀속된다는 사실을 명심할 필요가 있다.

둘째, 투자의 세계에는 타이밍도 중요하므로 전담직원의 투자 또는 리밸런싱(re-balancing) 제안에 적기에 반응하는 것은 결과품질의 개선 가능성을 높일 수 있다는 점에서 바람직해 보인다. 과거의 투자로부터 손실이 발생해 있는 것은 일종의 매몰비용인 만큼 필요할 때엔 과감한 손절매와 재투자 판단이 뒤따라야 한다. 손실이 회복될 때까지 무작정 기다리는 것은 오히려 큰 기회비용을 감수하고 있는 것과 마찬가지이다.

예를 들어, 2014~2015년 중 우리나라 중소형주 펀드는 화장품·바이오 강세로 연평균 11%대 수익률을 보였던 반면 2016년에는 −11.9%라는 저조한 실적을 보였다. 2017년 상반기 현재 은행을 비롯한 금융회사 창구에서는 중소형주 펀드를 어떻게 처리해야 하는 것이 좋은지에 대한 고객의 문의가 가장 많은 편이다. 워낙 손해가 크고 본전은 찾아야 한다는 생각에 환매하지 못하고 상황을 지켜보는 비자발적인 장기 투자자들의 모습이 많이 발견된다. 중소형주 펀드의 비중은 전체 주식형 펀드의 9%인데도 불구하고 자금 유출 규모는 전체 환매의 6%에 불과하다는 점이 이런 사실을 뒷받침하고 있다. 어느 40대 주부는 "1년간 10% 수익이 나더라도 성에 차기 어려운데 남편이 열심히 일 해서 번 돈을 펀드로 손해만 보니 속이 탄다. 지금의 수익률(-25%)로는 도저히 환매할 엄두가 안 난다"고 한다. 증권회사 영업 현장에서 일하는 필자의 지인에 따르면 고객들에게 지난 수년간 중소형주가 상대적인 강세로 고평가 상태였다고 지적하며 대형주 펀드 전망이 더 밝으니 보유중인 중소형주 펀드 비중을 줄여야 한다고 권하더라도 대부분은 실행에 옮기지 못하더라는 경험담을 전해 주었다.

하락세가 시작된 지 꽤 지나서 발 빠르게 움직인 사람들은 이미 정리를 마쳐 손실폭을 최소화한 반면에 주저하다가 환매 적기를 놓친 적지 않은 투자자들이 여전히 마음고생을 하고 있는 것으로 보인다는 것이다.

새로운 자금이 유입되기보다 유출되는 자금이 많은 펀드라면 아무리 뛰어난 펀드매니저라도 자금운용에 제한이 있을 수밖에 없다는 현실도 해당펀드의 성과를 높이는 데에 한계로 작용하고 있다. 한 펀드매니저가 복수의 펀드 운용에 참여한다면 아무래도 고객수와 규모가 성장하는 펀드에 그의 관심과 운신의 폭이 커질 수밖에 없는 것이 현실이기도 하다.

반면에 결과론적이긴 하지만 고객이 필요이상으로 과잉반응 함으로써 안정적인 수익의 기회를 놓친 사례도 있다.

> "다른 은행을 거래하다가 2007년에 자발적으로 저희 은행을 찾아오신 고객이 있었습니다. 기업체를 운영하는 부유한 회장의 40대 후반인 자제로 선물·옵션에도 투자경험이 있는 등 다소 공격적인 투자성향을 가지고 있었습니다. 반면에 부인은 조금 보수적인 스타일이었죠.
>
> 당시 외국계 모 생명보험회사의 10년 만기 연5.8% 확정형 비과세 상품이 출시

되어 안내해 드렸더니 비과세와 높은 수익률에 만족하며 부부 명의로 분산하여 그 자리에서 바로 수십억원을 가입해 주셨습니다.

그런데 그런 뿌듯함도 잠시, 가입하고 얼마 지나지 않아 2008년 글로벌 금융위기가 터졌습니다. 가입금액이 크다보니 고객의 걱정도 커졌고 보험회사에서는 따로 가입증명서를 발급해 주겠다고 연락이 왔었습니다.

경영상황이 악화되더라고 보험회사는 인수합병을 하면 했지 부도는 나지 않을 거라고 말렸으나 고객은 부도가 나면 제가 책임질 수 있냐며 기어이 해약을 하고 말았습니다. 다행히 해약 당시에 채권가격이 올라 원금손실은 면할 수 있었습니다. 10년이 경과한 지금 해당 보험회사는 굴지의 다른 외국계 보험회사에 인수되었고, 당시에 그 상품을 해약하지 않고 그대로 두었다면 고객에게 큰 도움이 되었을텐데 하는 아쉬움이 남습니다."

셋째, 국가 간 경계가 무의미해질 정도로 투자의 관점에서 보면 이미 세상은 하나가 된 만큼 시야를 넓혀 자산시장의 글로벌화 추세에 동참하는 것이 바람직하다. 상대적으로 익숙하고 정보에 대한 접근이 용이하다고 해서 글로벌 자산의 2% 내외의 비중을 갖는 국내시장 위주로만 투자대상을 집중할 필요는 없다. 최근 사상 최고치를 뚫었으나 국내 KOSPI 주식시장은 오랫동안 지수 1,800~2,100 사이의 박스권에서 지루한 움직임을 보였다는 점에서 박스피라고 불리는 불명예를 갖고 있다. 또 주가지수의 움직임이 시가총액이 큰 몇몇 주식에 편중되어 영향을 받는 측면도 있었다.

업종이나 개별 기업이 처한 상황에 따라 다소 차이가 날 수는 있겠으나 우리나라 기업들은 대체로 글로벌 무대에서 '코리아 디스카운트'의 대상이 되고 있기도 하다.

코리아 디스카운트는 남북 분단상황에 따른 군사적 대치, 글로벌 경기 흐름에 민감하게 반응하는 수출 중심의 높은 산업의존도, 재벌중심 기업 지배구조의 개선 필요성, 회계상의 불투명성, 노동시장의 유연성 부족 등으로 인해 우리나라 기업들의 주식가치가 실제보다 낮게 평가되는 현상을 말한다. 수익성과 자산가치 등 글로벌 수준의 평가기준으로 볼 때 해외 유수의 기업들에 뒤지지 않을 만큼 훌륭한 기업들이 많지만 코리아 디스카운트로 적정가치보다 평가 절하되는 불이익을 겪기도 하는 것이 현실이다. 과거 연 5~10%의 경제성장률을 이루었던 개발도상국 시절과 같은 호경기를 다시 맞이하기는 어려운 우리나라의 여건을 고려할 때 우리보다 더 나은 성장 여건을 갖춘 나라나 그 나라의 기업에도 적극적으로 투자하는 것은 지극히 자연스러운 현상이라고 할 수 있겠다.

일본의 와타나베 부인들이 그랬던 것처럼 저금리, 저성장, 고령화 등 우리가 직면하고 있는 많은 사회적 이슈들을 감안할 때 우리도 이제는 해외투자의 과실을 향유할 기회를 점점 더 많이 가질 필요가 있다. 국내 자산보다 더 나은 투자매력도를 지닌 유망 해외자산이 있다면 이들 역시 적극적으로 투자대상에 포함시켜야 전체 기대수익률을 높이는데 도움이 된다.

최근에는 이 같은 상황에 대한 긍정적인 조짐도 보이고 있다. 국내투자자의 해외주식 거래대금이 2014년 81.5억 달러에서 2016년에는 125.6억 달러로 약 54% 증가하였다. 2016년 글로벌 주식시장을 보면 선진시장이 약 20~30%, 아시아 신흥시장이 약 10% 정도의 투자수익률을 실현한 것에 비해 우리나라 KOSPI는 약 3.3%의 수익률에 그쳤다. 물론 항상 이런 결과가 나타나는 것은 아니겠지만 어쨌든 고무적인 현상으로 보인다. 다만, 해외시장은 투자기업들에 대한 정보를 획득하기 어렵고 신흥시장일수록 상대적으로 주가의 변동성이 크다는 점 등에는 늘 유의할 필요가 있겠다.

❙그림 19❙ 아시아 주요국 증시 상승률(2016년)

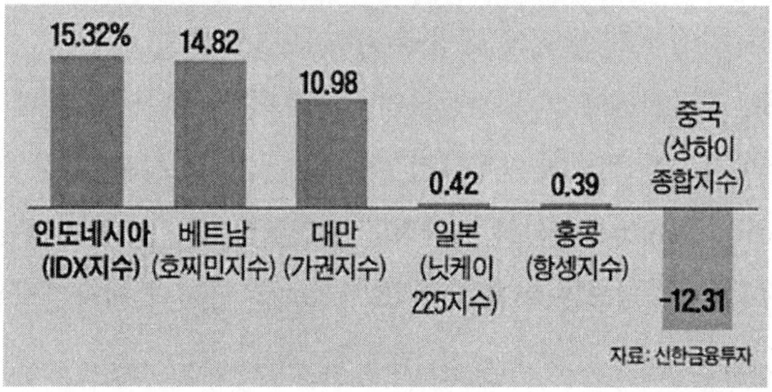

| 그림 20 | 국내 투자자 해외 주식거래 대금의 국가별 비중(2016년)

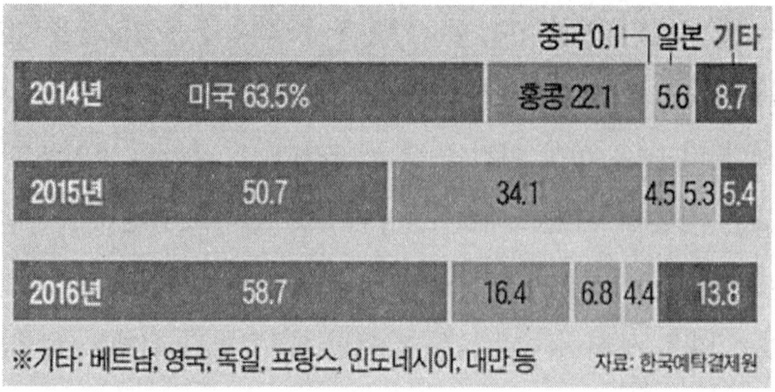

실무적으로 해외 주식이나 채권에 투자할 경우에는 대상 자산을 직접 매입하거나 펀드 등 간접투자 방식을 주로 이용하게 된다. 어느 경우든 국내 자산과 달리 환율 움직임에 의해 투자수익률이 증폭되거나 상쇄될 수 있다는 점에 유의해야 한다. 해외 주식에 직접 투자하려면 먼저 국내 증권회사에 해외 주식 거래용 계좌를 개설해야 하는데 증권회사에 따라 거래 가능 국가의 범위가 다를 수 있고 매매주문 방식도 전화 또는 직접 점포 방문 등으로 차이가 날 수 있다. 해외 펀드 투자 수익에서와 달리 해외 주식투자의 수익에 대해서는 금융소득종합과세 대상에서 제외되며, 양도차익에서 250만원을 공제한 다음 양도소득세로 과세된다. 해외 주식에 대해서는 국내 주식에 비해 상대적으로 정보가 미흡한 경우가 많으므로 비교적 잘 알려진 종목 위주로 투자하여 위험을 낮추는 것이 바람직하다. 개별 해외 주식에 대한 정보가 충분하지 않다면 오히려 지수를 추종하는 인덱스펀드를 거래소에 상장시켜 주식 종목처럼 거래하는 해외 상장지수펀드(ETF)와 같은 간접투자 방식이 유용할 수도 있다.

마지막으로, 전담직원에 의해 자산관리 서비스를 제공받더라도 자산관리와 관련한 융복합의 다양한 채널에 익숙해질 필요가 있다. 정보통신기술(Information Communication Technology)의 비약적인 발전에 힘입어 도처에서 원하는 정보를 빠르게 습득할 수 있으며 이를 통한 교차검증은 양질의 의사결정을 내리는데 기여할 수 있다.

핀테크, 금융자동화 등의 발전에 힘입어 거의 90%이상의 금융거래가 온라인이나 모바일 등으로 처리되는 현실에서 은행 등 금융회사들은 수익성 제고를 위해 점포와 직원수를 연속적으로 감축해 가고 있다. 이런 추세 속에 고령층일수록 젊은 층에 비해 각종 정보에 대한 접근이 익숙하지 않다 보니 대체로 금융회사 직원에 대한 의존도가 상대적으로 높을 수밖에 없다. 그러나 고령자라 하더라도 융복합의 채널을 능숙하게 다루면서 스스로 정보를 검색, 비교함으로써 합리적인 의사결정에 이르는 소비자도 적지 않으므로 이 또한 관심과 행동의 문제이지 단순히 나이의 문제라고 보기는 어렵다.

흔히 국민의 수준이 정치의 수준을 결정한다고 하듯이 결과적으로 고객이 똑똑할수록 자산관리 서비스의 품질도 개선될 수밖에 없을 것이다.

이상에서 본 바와 같이 이 연구는 금융 자산관리시장이 확대되고 있고 시장 참여자 모두가 각자의 입장에서 경쟁력을 높일 필요성을 인식하는 가운데, 프리미엄 자산관리의 서비스품질이 고객만족을 매개로 계속이용의도와 추천의도에 어떻게 영향을 미치며, 주된 서비스품질의 내용은 무엇으로 구성되어 있는지, 서비스에 만족한 고객이라도 자신의 자산규모에 따라 추천의도와의 연관성에 차이가 있는지 등에 관한 실증분석 결과를 제시하였다.

은행 안에서 프리미엄 자산관리 부문은 그 자체로서도 그렇지만 WM분야에서의 전반적인 수익성 확보 및 경쟁력 제고를 위한 선도적인 역할 면에서도 유망한 영역임이 분명해 보인다. 그러나 여기에 관여하는 각 이해관계자의 욕구가 충족되기 위해서는 보다 긴 호흡으로 본질에 집중하는 현명한 참여자가 되는 것이라고 판단된다. 또 이 시장의 성공적인 정착을 위해서는 위에서 언급됐던 것처럼 무엇보다 고객가치 우위의 마인드로 은행과 전담직원이 자신의 역할을 충분히 인식하고 영업현장에서 지속적으로 실천해 나가는 것에 있음을 간과해서는 안 될 것이다.

Chapter

05 금융투자자보호를 위한 제언

1. 금융회사와 영업현장의 모습

과거 어느 시대보다 요즘처럼 소비자보호가 중요한 사회적 이슈로 대두된 때가 없었다. 그리고 이것은 점점 강화되는 추세에 있다.

경제가 성장하고 수요가 공급을 초과하던 시대에는 재화나 서비스의 품질이 다소 미흡하더라도 적당히 넘어가는 풍토가 없지 않았다. 기업의 경쟁력을 키워 나가는 과정에서 있을 수 있는 정도로 치부하곤 했다. 그러나 경쟁의 범위가 글로벌 수준으로 넓어지고 강도도 격화되면서 소비자가 더 이상 당하고만 있는 시대가 아니게 되었다.

이에 따라 법령의 정비는 물론이고 기업이나 국민의 소비자보호에 대한 인식이 강해지면서 어느 기업이든 소비자의 이익 내지 가치를 우위에 두지 않고는 생존과 장기 성장을 도모하기 어렵게 되었다.

금융분야 역시 마찬가지이다.

금융관련 법령과 금융감독원 등 유관조직에서 금융소비자 보호를 위한 제도적 장치가 강화되고 있으며, 글로벌 금융위기 등을 거치면서 수많은 투자자들이 손실을 경험했던 과정을 반면교사로 삼아 특히 금융투자자 보호에 대해서는 다양한 제도적 장치가 마련되어 왔다.

고객의 금융지식 수준 및 투자경험 파악, 투자성향 분석에서부터 가입 전 상품설명, 리밸런싱 등 사후관리에 이르기까지 금융영업 현장에서 투자자 위주로 적절한 자산관리가 이루어지도록 개선되고 있다.

최근에는 은행이나 증권회사 등이 판매하는 투자성 금융상품들 중에서 구조가 복잡하고 이해하기 어려우며 변동성이 큰 상품들 위주로 가입절차를 까다롭게 요구하는 쪽으로 제도가 강화되어 가고 있다.

예를 들어 ELS(주가지수연계증권), DLS(파생연계증권), ELT(주가지수연계신탁), ELF(주가지수연계펀드) 등을 가입하려는 투자자는 고령이거나 투자경험이 없을 경우에는 원하더라도 바로 가입할 수 없고 가족이나 전문가 등과 상의하여 신중하게 검토한 후 투자여부를 결정할 수 있도록 며칠간의 숙려기간을 두어 그 이후에 가입할 수 있게 하였다.

그러나 아무리 제도가 완벽하더라도 운영과정에서 이해관계자 모두의 관심과 진정성 있는 실천이 뒤따르지 않으면 퇴색될 수밖에 없다. 경험상 영업현장에서는 이론과 현실이 항상 일치하지는 않으며 괴리가 발생할 소지가 크다는 점에서 여전히 개선의 여지는 적지 않다고 하겠다.

대부분의 금융회사들은 공익성을 갖고 고객의 가치 창출에 기여하는 존재임을 부각시켜 성장을 도모한다는 이미지를 구축하려고 하지만 사실상 내부적으로는 기업으로서의 이익창출이 절대적이고 최우선적인 과제로 인식되는 경향이 있다.

그러나 길게 봤을 때 가장 바람직한 모습은 고객에게 도움이 되고 결과적으로는 기업도 과실을 향유할 수 있는 구조가 되는 것이다.

은행 등 금융회사의 자산관리 영역에 국한해서 보면 금리수준이 높고 경제가 상대적으로 안정화된 시기에는 이런 윈윈의 구도가 어느 정도는 가능할 수 있을 것이다.

그러나 요즘과 같이 저금리와 투자의 변동성이 크고 예측하기 어려운 시대에는 고객의 가치와 금융회사의 성장이라는 두 마리 토끼를 동시에 잡는다는 것은 그리 간단한 문제가 아니다.

우선 금융회사의 경영진들은 자신의 임기 내에 탁월한 재무성과를 실현하는 것이 가장 중요한 평가지표인 만큼 익년도 영업계획을 수립할 때에는 대체로 금년도 예상 영업실적을 기초로 하되 익년도 예상경제성장률 등을 반영하고 경우에 따라서는 여기에 10~20%를 가중하여 수익목표를 설정하는 경향이 있다. 그리고 이를 각 영업점에 배분하는 것이다.

개별 영업점의 특유한 사정으로 인해 주어지는 목표를 어렵지 않게 달성할 수 있는 경우도 있겠으나 대부분의 현장 직원들에게는 매우 부담스러운 수치로 다가올 수밖에 없다.

영업점간의 치열한 무한경쟁의 결과에 따라 승진, 후선배치, 급여 등이 결정되는 구조이다 보니 영업점의 직원들은 무엇보다 먼저 어떻게 해야 고객들을 상대로 자신에게 주어진 목표를 채울 수 있을 것인지 고민하지 않을 수 없을 것이다.

영업점 직원이 추천한 투자성 금융상품이 계속하여 고객이 원했던 수준의 수익을 가져온다면 고객과 금융회사 사이에 지속적인 선순환이 가능할 것이다. 그러나 현실적으로는 고객에게 항상 원하는 결과만이 나오지는 않는다는 데에 근본적인 문제가 있다.

목표수익률 달성에 실패하고 심지어 원금손실이 나는 경우가 발생하거나 설상가상으로 여러 가지 상품으로부터 손실이 누적되기라도 하면 고객과 금융회사 및 전담직원 간의 신뢰관계에는 큰 손상이 생기게 된다.

고객들은 자신의 소중한 자산을 잘 관리하고 키워줄 전문가를 찾아 금융회사를 찾은 것이지 인간관계 자체가 목적이 아니기에 신뢰를 회복하기까지에는 지난한 시간이 필요하다.

마냥 시간이 지난다고 원금손실분이 회복되거나 목표수익률이 달성되는 것이 아님에도 많은 고객들의 자산이 사실상 방치되고 있는 경우도 많다.

대부분의 고객은 자신의 자산을 환매하여 손실이 현실화하는 것을 원하지 않으며, 직원은 직원대로 부진한 결과에 대한 미안함과 아울러 마땅한 대안을 제시하지 못해 특별히 고객이 나서지 않는 이상 어정쩡한 상태를 유지하게 된다.

문제를 해결하기 위해 적극적으로 나서기보다 모른 채 하거나 심지어 인사이동을 통해 해당고객과의 관계를 종료하고 새로운 담당자에게 떠넘기는 방식으로 미봉책을 삼는 경우도 없지 않아 보인다.

만약 그런 일이 존재한다면 그것은 금융회사에게도 소속직원들에게도 고객에 대해 책임 있는 자세가 아닐 뿐만 아니라 자산관리의 차별화 내지 글로벌 경쟁력을 확보하는 일은 더욱 요원할 수밖에 없을 것이다.

아직도 영업현장에서는 2007년 글로벌 금융위기 당시에 가입되어 적지 않은 원금손실이 난 상태로 유지되고 있는 펀드들이 적지 않다.

그런 펀드들이라고 해서 수익률이 회복될 가능성이 없는 것은 아니지만 그러자면 신규자금이 유입되거나 펀드매니저의 주요 관심대상으로 계속 남아 있어야 이를 기대할 수 있다.

그러나 현실은 그 반대일 가능성이 높고 따라서 새로운 환경을 염두에 두고 새로 설정하는 펀드들에 비해서는 원천적으로 불리한 입장에 놓일 수밖에 없을 것이다. 즉 때로는 손실을 무릅쓰고서라도 다른 상품으로 갈아타는 것이 현명한 선택일 수 있다.

한편, 금융회사의 이익창출이라는 관점에서만 보자면 취급하는 금융상품의 유형에 따라서 비이자수익 규모에 큰 차이가 날 수 있다.

최근에 이를수록 수수료율이 점차 하락하는 추세를 보이고는 있으나 가령 투자성 금융상품 중에 국내외 주식형펀드를 판매하는 금융회사는 판매시점에 대체로 원금의 0.5%~1% 정도를 선취판매수수료 명목으로 자신의 이익으로 수취하게 된다. 이런 수수료는 새로운 상품으로 가입할 때마다 수취하게 되므로 고객의 동일한 자산에 대해 1년 동안 한 번 더 다른 펀드로 갈아타게 되면 두 배의 이익을 얻게 되는 것이다.

이와 비슷한 사례로 최근 몇 년 사이에 투자자들 사이에서 인기를 끌고 있는 주가연계증권(ELS)을 보자. ELS는 옵션 등을 이용해 만기를 정해놓고 만기까지 일정한 조건을 충족하면 미리 정해진 수익률을 제공하는 상품이다. 기초자산을 비롯한 상품구조에 따라 차이는 있으나 반기 혹은 분기 단위로 조기상환이 가능한데 조기상환의 경험을 맛본 고객은 대체로 유사한 ELS에 다시 가입하는 경향이 있다. 만약 3개월 또는 6개월 만에 조기상환 조건에 도달한다면 이를 판매한 금융회사 역시 고객의 해당 자산을 통해 1년 만에 2~4차례 수익 획득의 기회를 갖는다는 것을 의미한다.

그런데 금융회사가 수취한 이런 수익은 나중에 펀드나 ELS가 고객에게 뜻하지 않은 손실을 가져오더라도 반환하지 않으므로 금융회사의 입장에서는 장기투자보다는 고객의 자산이 자주 리밸런싱(교체전환) 될수록 수익을 확보하기 용이하게 된다. 고객의 자산관리자라는 본분에 충실하기 위해 시장의 변화에 민감하게 대응하여 필요할 경우에는 투자 포트폴리오에 대해 자주 리밸런싱을 할 필요는 물론 있다. 그러나 관점을 달리하게 되면 이런 면도 있는 것이다.

고객의 가치 증진이라는 고유한 사명에 집중한다면 금융회사와 전담직원은 금융시장에 대해 변화 예측을 어떻게 하느냐에 따라서 때로는 고객의 자산을 자주 리밸런싱할 수도 있고 어떤 경우에는 계속 상황을 점검해 나가되 오랜 기간 동안 그대로 유지하는 것이 바람직할 수도 있을 것이다.

그러나 영업점의 이익목표는 시장상황과 무관하게 미리 부여되어 있고 특별한 경우가 아닌 한 추후 경기상황 등에 따라 조정되는 경우도 거의 없기 때문에 고객의 새로운 자산이 유입되지 않는 한 이익목표를 채우기 위해서 영업현장에서는 고객의 투자성 자산을 자주 교체하여 수수료를 발생시켜야 할 유혹에 빠질 수 있는 것이 현실이다.

그런 조치가 고객의 이익과 가치를 위해서도 필요한 것이라면 좋겠으나 우선적으로 금융회사의 이익을 위해 시도된 행위라면 직무윤리를 벗어난 일이 되는 것이고 고객의 자산은 사실상 자신들의 이익창출을 위한 수단으로 전락하는 순간이 된다.

아프리카 속담에 '빨리 가려면 혼자 가고 멀리 가려면 함께 가라'는 말이 있다.

업종을 불문하고 기업과 종업원은 언제나 고객과 고객의 가치, 고객의 이익 우선을 외친다.

오로지 자신들을 존재하게 하는 근본이 고객이라고 믿는다면 실제로도 임직원 모두의 인식과 행동에 고객가치 우선의 정신이 반영되어야 장기경쟁력을 유지할 수 있게 될 것이다.

고객의 소중한 자산을 관리하는 금융회사들은 본부는 물론 소속 종업원들이 스스로 고객가치 우위의 원칙을 잘 준수하고 있는지 주기적으로 점검해 볼 필요가 있다.

이를 위해 필요하다면 영업실적 평가기간 중이라도 영업점의 이익목표를 수정하여 고객의 자산을 수단시하는 비합리적인 행위가 발생하지 않도록 미리 관리해 나가야 한다. 그래야 고객으로부터 오랫동안 신뢰를 유지할 수 있을 것이다.

전문지식의 보유 정도를 떠나 고객들은 모든 자산관리 영업현장 담당자의 금융상품 추천행위가 고객을 위한 것인지 자신들의 이익을 위한 것인지 파악할 수 있는 동물적인 감각을 갖고 있다.

자산관리의 선진화를 위해 보다 중요한 것은 금융회사의 자정 노력에 못지않게 고객 역시 자신의 보유자산 선정에 필요한 수준의 금융지식을 쌓는 노력을 게을리 해서는 안 된다.

금융투자자 보호는 관계자 어느 일방의 노력만으로 완성될 수 없다.

금융당국의 법적, 제도적 정비를 기초로 자산관리 운영 금융회사와 관련 소속 직원과 고객들이 함께 관여하고 만들어 가는 협력적 과제로 봐야 한다. 서로가 상대방의 입장도 고려해 가면서 생각하고 행동하는 상생의 동반자라는 인식이 중요하다.

이에 대한 필요성은 2016년 한국금융투자자보호재단이 펀드투자자들을 대상으로 설문조사한 결과에서도 나타난다.

우선 투자자들 스스로 투자실력이 있다고 생각하는 비율은 전체 응답자의 5.2%에 불과하였다. 또 펀드를 거래할 금융회사를 선택하는 기준으로는 기존에 거래하는 금융회사 (22.4%)라거나 거리가 가까운(11.6%) 이유 등을 들어 별다른 생각 없이 관행적으로 접근하는 태도를 보였다. 펀드를 선택할 때에는 전문가의 도움 없이 스스로 결정한다(11.1%)는 사람보다 판매회사에 가서 선택한다

(62.3%)는 비율이 훨씬 높고, 펀드 판매 직원에 대해서는 적극적인 자산관리 역할(40.1%) 또는 종합적인 조언자 역할(21.1%)을 기대하는 것으로 나타났다.

이것은 그만큼 제대로 된 자산관리 서비스를 받고 싶어 하는 투자자들이 많다는 것을 의미한다.

투자자들의 이런 생각 속에 우리나라 자산관리 시장이 올바르게 성장할 수 있는 단초가 녹아 있다.

고객의 니즈를 진정성 있게 공감하며 그들의 가치 창출을 지원하고자 하는 자산관리 금융회사와 소속 직원들, 자신이 보유한 투자자산 만큼이나 투자관련 지식 축적이나 현명한 태도의 소중함을 중시하는 투자자들이 많아져야 한다. 금융투자자를 보호한다는 것이 사문화된 규정이나 구호로만 존재하는 것이 아니라 관계자들의 역할에 따라 의무나 책임 또는 권리로 인식되어야 한다. 물론 이런 과정을 통해 상승하는 가치와 신뢰의 과실은 고객만이 아니라 금융회사와 소속 직원들이 함께 나누어 가지게 될 것이다.

지난 수십 년 동안 금융투자자의 권익을 보호하기 위한 여러 가지 조치들이 시행되어 온 것은 매우 고무적이다. 하지만 그것들은 그냥 주어진 것이 아니라 투자자들이 많은 시행착오와 투자실패를 통해 값비싼 수업료를 부담한 결과로 얻어진 것들이라고 할 수 있다.

앞으로도 금융소비자 보호라는 관점에서 금융회사와 금융투자자의 관계를 균형 있게 설정하려는 노력들이 다양하게 추진되어야 하고 또 그렇게 될 것으로 보인다.

2. 금융투자자 보호 조치 제안

그렇다면 금융투자자를 보호하기 위한 실질적인 조치들로는 어떤 것들을 생각해 볼 수 있을까?

투자자보호라는 취지를 진정성 있게 담아내려면 아무래도 금융회사의 관심과 노력이 가장 중요하다 하겠다.

필요하고 가능한 모든 것들을 망라한 것은 아니지만 필자의 경험을 토대로 다음과 같이 몇 가지 방안을 제시해 보고자 한다.

첫째, 금융회사별로 투자성 금융상품을 판매하는 영업점과 담당직원들에 대한 평가기준 항목에 고객수익률을 도입하고 금융회사별로도 정기적으로 그 수준을 평가하여 공표하는 것을 생각해 볼 수 있다.

합리적인 수준에서 개별 투자상품별로 고객의 기대수익률을 설정하고 목표달성을 위해 금융회사가 최선을 다하는 것은 건전한 투자문화를 조성하는데 핵심적인 부분이다.

이를 위해서는 금융회사·직원·투자자 등 투자 관계자 모두의 일치된 시선이 무엇보다 중요하다고 본다.

방법적으로는 투자 상품별로 벤치마크 및 고객의 투자성향을 고려한 목표수익률을 설정하고 그 결과를 비교하여 수익률을 평가하면 된다.

금융회사별 내부 전산관리 가능성을 전제로 투자자 기준으로 투자성 금융상품들은 국내펀드 뿐 아니라 투자의 글로벌화를 고려하여 역외펀드까지도 투자수익률을 산정할 때 모두 반영토록 하는 것이 바람직하다. 그래야 취지에 맞는 제대로 된 평가가 가능할 것이다.

둘째, 투자성 금융상품을 판매하는 금융회사별로 거래하는 자산운용회사 및 투자상품을 선정하는 기준과 선정하는 절차의 정비 수준을 주기적으로 평가하고 공시하는 것도 투자자보호를 위한 중요한 조치로 판단된다.

자산운용회사의 운용 역량과 판매회사의 우량상품 도입 및 적기 판매 역량이 변동성 있는 금융시장에서는 매우 중요하다.

고객의 수익률을 높이기 위한 실질적인 조치의 하나로, 본부의 투자성 상품 선정 담당자와 포트폴리오 전문가들에 대해서는 개인평가 및 급여구조를 설계할 때에 투자자들의 포트폴리오 실현수익률과 가중평균 목표수익률을 비교하여 반영하는 방안도 고려해 볼 필요가 있다. 이것은 자산운용사들 사이에 건전한 경쟁과 함께 운용상의 질적인 개선을 유도하는 역할도 수행하게 될 것이다.

셋째, 투자성 금융상품을 판매하는 금융회사가 수취하는 선취판매수수료와 자산운용회사의 운용보수를 고객의 수익률에 연동하는 방안을 적극 강구할 필요가 있다. 금융회사가 수취한 해당 수수료(보수) 중 최소수준 이외의 금액은 가수금 형태로 보유하다가 환매(상환)할 때에 투자자의 수익결과에 따라 추가적으로 취득하거나 투자자에게 반환하는 방식으로 처리하면 될 것이다. 사전에 금융상품별로 고객수익률 결과에 연동한 수수료 수준 및 산출방식을 정한 후에 실제로 고객의 투자결과와 금융회사 수수료(보수)를 비례적으로 연동시키는 것은 자연스러우며 금융회사의 선량한 자산관리 책임에도 부합한다.

기대수준 이상의 투자결과에 대해서는 성과수수료(보수)를 도입하는 것도 가능할 것이다. 나아가 금융회사가 그 결과를 전담직원별로 산출하여 급여체계에 반영한다면 보다 책임 있는 자산관리 역할을 수행할 수 있을 것으로 보인다.

최근 은행, 증권회사, 자산운용회사 등을 중심으로 고객에게 수익이 좋으면 수수료를 더 받고 나쁘면 깎는 성과연동형 펀드를 출시하려는 분위기도 긍정적이다.

수익이 나든 안나든 금융회사가 고정된 수수료를 떼어가는 구조는 고객의 입장에서 수긍하기 어려우며 호혜의 원칙에도 반하는 것으로 보일 수 있겠다.

넷째, 금융투자자에 대해 등급이 있는 자격증을 취득하는 제도를 도입하는 방안을 제안하고자 한다. 투자자를 보호하고 투자자교육의 실질적인 개선을 목적으로 하며, 최소 또는 적정 수준의 자격증을 보유하지 않을 경우에는 사이버 거래를 포함하여 고위험 상품 투자를 제한하는 것이다. 투자자의 자격증 취득 분위기 확산을 위해 가입하려는 금융상품에 대해서는 수수료율을 인하 적용하는 등 자격증 보유자를 우대하는 것도 고려해 볼 만 하다. 취득 방법은 온·오프라인 평가로 다원화하고 등급은 난이도에 따라 3단계 정도로 구분하는 것도 좋겠다.

다섯째, 투자성 금융상품을 판매하는 우수한 금융회사와 소속 우수 Private

Banker(Financial Planner, Wealth Manager, VIP Manager)를 선발하여 시상하는 제도를 도입하는 것이다. 이것은 투자자의 관점에서 모범적인 자산관리 문화를 조성하는 것은 물론 기여한 직원에 대한 격려의 의미도 담고 있다.

우수 직원을 평가하는 항목에는 고객수익률, 고객만족도 등도 가중치를 두어 반영하고 관련 자료는 해당 금융회사로부터 지원받으면 될 것이다.

또한 선발 기준에 관리고객 중 금융투자자 자격증 보유비율을 포함한다면 전담직원이 고객으로 하여금 자격증을 보유할 수 있도록 권장하는 역할을 기대할 수 있다.

여섯째, 은행, 증권회사 등 주요 투자 금융상품 판매 회사에 대한 투자자 만족도 조사를 정기적으로 실시하는 것도 자산관리의 선진화를 이루기 위해 도입할 만하다. 조사내용으로는 주로 고객 이해하기, 금융상품의 특성에 대한 충분한 설명 여부, 상품판매 프로세스 등 기존 절차의 실질적인 준수 여부 등을 포함하면 좋을 것이다. 이것은 금융회사들로 하여금 투자자의 투자성향, 지향하는 가치 및 니즈 우선의 자산관리에 집중하도록 유도하는 목적이 크다. 설문조사나 그룹 인터뷰 방식(Focus Group Interview)을 병행하여 금융투자협회 등이 주도하여 실행하고 그 조사결과는 언론에 공개함으로써 금융회사들의 개선노력에 자극제가 될 수 있도록 하는 것이 바람직하다.

마지막으로는 독립투자자문사(Independent Financial Advisor)에 대해 선진국의 운용실태 조사와 바람직한 국내 정착을 위한 모범 운용 및 투자자 이용 규준을 마련할 것을 제안하고 싶다. 독립투자자문사(IFA)는 자본시장법 개정안에 반영하는 방식으로 2017년 상반기 중에 도입될 것으로 알려지고 있다.

지금까지 금융투자상품을 판매하는 회사들은 자체 개발 상품이나 자신이 아웃소싱한 금융상품들 중에서 고객들에게 포트폴리오 편입을 권유하고 있다. 즉, 자신들의 보유상품 라인 상에 올라와 있지 않은 상품은 아무리 품질이 우수하더라도 고객에게 권유하기 어려운 것이 현실이다.

그러나 독립투자자문사(IFA)는 금융회사들과의 제휴 수준에 따라 거의 모든 투자가능 금융상품들을 편입대상으로 할 수 있기 때문에 보다 객관적인 입장에서 고객중심으로 경쟁력 있는 상품을 권유할 수 있게 됨으로써 기존의 판매 금융회사들의 분발을 촉구하는 효과도 가져와 자산관리 시장 전반에 활력을 불어넣을 것으로 기대된다.

즉, 이것은 독립투자자문업의 발전과 더불어 투자자들에게 우수 판매 금융회사 선별 및 활용 기준을 제공하는 결과도 가져오게 될 것이다.

이렇게 되면 독립투자자문사는 영국에서처럼 장기적으로 펀드판매 외에 생명보험, 퇴직연금, 투자상품 자문, 은퇴, 상속 상담과 금융상품 중개 등을 포함하여 투자자의 '원스톱 쇼핑'을 촉진할 것으로 예상된다. 투자자의 자산운용 필요성 증대에 따라 독립투자자문사의 활동은 펀드시장 활성화, 상품 판매채널의 확대, 시장 유효경쟁 촉진 등의 측면에서 긍정적인 효과를 내보일 것으로 기대된다.

위에서 살펴본 것과 유사한 금융투자자 보호를 위한 제도들은 그간의 추세를 비추어 볼 때 앞으로 활발하게 논의되거나 순차적으로 도입될 것으로 예상된다.

금융투자자 보호가 강조된다는 것은 당장은 금융회사들로 하여금 영업에 있어서 운신의 폭을 좁히는 일이 될 수 있다.

그러나 새로 구입한 신발이 일단 몸에 익숙해지고 나면 훨씬 편하고 좋은 성능을 발휘할 수 있는 것처럼 금융회사들이 투자자를 제대로 이해하는 일과 그의 투자목표, 투자성향 등에 집중할 수 있게 된다면 굳이 의식하지 않아도 투자자 보호는 자연스럽게 이루어지게 될 것이다.

자산관리 시장의 참가자 모두가 이기는 길이 있다면 서로 마다할 이유가 없지 않은가?

금융회사, 전담직원 및 고객 모두를 만족시킬 수 있는 길은 사실 멀리 있지 않고 늘 우리 곁에 가까이 있다. 등잔 밑이 어두운 법이다.

흙 속에 숨어 있는 진주를 찾는 혜안을 가질 수 있을 것인가는 우리 모두가 어떤 마음을 갖고 어떻게 행동하느냐에 달린 것이다.

▣ 참고문헌

고화정, 정순희(2012), "은행서비스품질, 고객만족 및 고객충성도간의 관계에 관한 연구", Financial Planning Review, 5(3), 1-21.

금융감독원(2015), "한국의 금융 산업 현황과 전망", 금융감독원.

김시중(2012), "호텔기업의 내부마케팅, 감정노동 및 서비스 제공수준간의 관계 연구", 관광경영연구, 53, 17-35.

김중인, 최용주(2013), "패밀리레스토랑의 잠재고객 집단에서 신규고객유치를 위한 서비스 품질의 각 차원이 고객만족에 미치는 영향: PLS 다중집단분석을 이용한 성별의 조절효과", 마케팅관리연구, 18(1), 115-141.

남인숙(2011), "학력사회와 한국교육의 모순", 한국사회이론학회, 사회이론40, 101-127.

라선아(2005), "서비스 충성도 형성의 이중경로 모형-내재적 경로와 외재적 경로의 상대적 영향력 비교를 중심으로", 마케팅연구, 20(4), 19-56.

박규배, 박민재(2016), "은행의 프리미엄 자산관리 서비스 품질이 고객만족과 추천의도에 미치는 영향에 관한 연구", 서비스경영학회지, 17(2), 89-114.

박명걸, 강만수, 박상규(2013), "은행서비스품질이 관계지속과 가치일치성을 매개로 은행명성과 고객만족에 미치는 영향", 고객만족경영연구, 15(2), 67-85.

박은정(2008), "레스토랑 고객의 심리적 주인의식이 관계유지의도에 미치는 영향", 경원대학교 대학원 박사학위 논문

박종철, 오혜영, 홍성준(2011), "'서비스품질-고객만족' 관계에서의 심리적 메커니즘 고찰", 소비자학연구, 22(2), 179-202.

백은영, 정순희(2011), "자산관리 서비스 주요 잠재 대상고객에 관한 연구", Financial Planning Review, 4(3), 37-66.

백인기, 전영호, 이춘선, 최영락(2011), "고객만족에 대한 은행서비스 품질속성의 비대칭적 영향력 분석", 품질경영학회지, 39(1), 57-70.

서병호, 김우진(2012), "국내은행의 PB 비즈니스 발전방안", 한국금융연구원 금융VIP 시리즈 2012(9), 2-32.

서지연, 이형주(2011), "커피전문점 서비스 품질이 고객만족과 신뢰, 추천 의도에 미치

는 영향에 관한 연구-토종브랜드와 해외브랜드의 비교를 중심으로", 고객만족경영연구, 13(3), 151-172.

송윤헌, 심진보(2006), "서비스품질과 관계품질의 성과", 경영학연구, 35(4), 1261-1280.

양오석, 박설우(2014), "자국 은행과 외국계 은행 이용자들의 서비스품질-고객만족도-고객충성도 구조에 대한 정보비대칭성의 조절효과 연구", 한국국제경영관리학회, 제16회 경영관련학회 통합학술대회, 111-131.

왕자이, 한진수(2012), "호텔산업에서의 내부마케팅 활동이 종사원의 직무만족과 서비스품질에 미치는 영향에 관한 연구 - 중국 베이징 내 특급호텔 중심으로", 관광연구저널, 26(4), 335-353.

우리금융경영연구소(WFRI)(2015), "아시아 WM시장의 성장과 글로벌 은행들의 전략", 우리금융경영연구소(WFRI) Issue Brief 5(16), 11-15.

이상석(2012), "은행서비스에서의 서비스품질, 고객만족도 및 교차구매의도 간의 관계 연구-한·중 은행 간 비교", 한국기업경영학회, 19(1), 83-106.

이유재, 라선아(2003), "서비스 품질의 각 차원이 CS에 미치는 상대적 영향에 대한 연구: 기존고객과 잠재고객의 비교를 중심으로", 아시아마케팅저널, 18(4), 67-97.

이현복(2014), "금융산업의 사회적 자본이 금융 서비스품질 및 금융소비자 고객만족에 미치는 영향", 고객만족경영연구, 16(3), 41-65.

이형목, 이상식, 김종원(2012), "금융 산업의 서비스 품질이 서비스 성과에 미치는 영향에 관한 연구-저축은행을 중심으로", 한국산업정보학회논문지, 17(4), 99-114.

이형석(2003), "소매금융서비스의 고객만족에 미치는 서비스품질요인에 관한 연구", 서비스경영학회지, 4(2), 73-92.

장형유(2008), "소매은행에서 서비스품질이 관계품질에 미치는 영향과 관계품질과 고객애호도 관계구조에서 전환비용의 조절효과", 서비스경영학회지, 9(2), 229-254.

하홍렬(2011), "은행서비스의 서비스품질-만족의 관계에서 은행명성과 금리민감도의 조절 효과 연구", 고객만족경영연구, 13(2), 63-82.

허미하, 김진수, 김홍배(2014), "서비스 품질이 프라이빗뱅킹 고객충성도에 미치는 영

향", Financial Planning Review, 7(3), 1-23

홍성태, 이원준, 김종대, 김병재(2012), "금융 서비스의 지각된 전반적 품질에 미치는 영향 요인 및 성과에 관한 연구", 한국마케팅저널, 13(4), 191-212.

황복주, 전희준(2010), "금융기관 종업원의 서비스지향성이 고객지향성·서비스가치·금융서비스만족도에 미치는 영향", 서비스경영학회지, 11(5), 239-256.

KB금융지주 경영연구소(2016), 2016 한국부자보고서, 5-43.

Agarwal, R. and Prasad, J. (1998), A Conceptual and Operational Definition of Personal Innovativeness in the Domain of Information Technology, *Information Systems Research*, 9(2), 204-215.

Anderson, E. W. (1998), Customer satisfaction and word of mouth, *Journal of service research*, 1(1), 5-17.

Anderson, J. C. and Narus, J. A. (1984), A Model of the Distributor's Perspective of Distributor-Manufacturer Working Relationships, *Journal of Marketing*, 48(4), 62-74.

Baumann, C., Burton, S. and Elliott, G. (2007), Prediction of attitude and behavioural intentions in retail banking, *International Journal of Bank Marketing,* 25(2), 102-116.

Bergkvist, L. and Rossiter, J. R. (2007), The Predictive Validity of Multiple-Item Versus Single-Item Measures of the Same Constructs, *Journal of Marketing Research*, 44(2), 175-184.

Bitner, M. J. (1990), Evaluating Service Encounters: The Effects of Physical Surroundings and Employee Responses, *Journal of Marketing,* 54(2), 69-82.

Bitran, G. and Lojo, M. (1993), A framework for analyzing the quality of the customer interface, *European Management Journal,* 11(4), 385-396.

Bolton, R. N., Kannan, P. K. and Bramlett, M. D. (2000), Implications of Loyalty Program Membership and Service Experiences for Customer Retention and Value, *Journal of the Academy of Marketing Science,* 28(1), 95-108.

Bolton, R. N., Lemon, K. N. and Verhoef, P. (2004). The theoretical underpinnings of customer asset management: A framework and propositions for future research, *Journal of the Academy of Marketing Science,* 32, 271-293.

Bontis, N., Booker, L. D. and Serenko, A. (2007), The mediating effect of organizational reputation on customer loyalty and service recommendation in the banking industry, *Management decision*, 45(9), 1426-1445.

Brady, M., Voorhees, C. and Brusco, M. (2012), Service Sweethearting : Its Antecedents and Customer Consequences, *Journal of Marketing,* 76(March), 81-98.

Brady, M. K. and Cronin, J. J. Jr (2001), Some New Thoughts on Conceptualizing Perceived Service Quality: A Hierarchical Approach, *Journal of Marketing*, 65(July), 34-49.

Caruana, A. (2002), Service loyalty: The effects of service quality and the mediating role of customer satisfaction, *European Journal of Marketing,* 36(7/8), 811-828.

Carte, T. and C. Russell (2003). "In pursuit of moderation: Nine common problems and their solutions. *MIS Quarterly,* 27(3), 479–501.

Čater, B. and Čater, T. (2009), Emotional and rational motivations for customer loyalty in business-to-business professional services, *The Service Industries Journal*, 29(8), 1151-1169.

Čater, B. and Žabkar, V. (2009), Antecedents and consequences of commitment in marketing research services: the client's perspective, *Industrial Marketing Management*, 38(7), 785-797.

Chin, W. W. (1998), The partial Least Squares Approach to Structural Equation Modeling, *New Jersey: George A: Marcoulides; Lawrence Erlbaum Associates.*

Chin, W. W., B. Marcolin and P. Newsted. (2003), A partial least squares latent variable modeling approach for measuring interaction effects: Results from a Monte Carlo simulation study and an electronic-mail emotion/adoption study, *Information Systems Research,* 14(2), 189–217.

Chiou, J. S. and Droge, C. (2006), Service Quality, Trust, Specific Asset Investment, and Expertise: Direct and Indirect Effects in a Satisfaction-Loyalty Framework,

Journal of the Academy of Marketing Science, 34(4), 613-627.

Cronin, J. J. and Taylor, S. A. (1992), Measuring Service Quality : A Reexamination and Extension, *Journal of Marketing*, 56(July), 55-68.

Dabholkar, P. A., Stepherd, C. D. and Thorpe, D. I. (2000), A comprehensive framework for service quality: an investigation of critical conceptual and measurement issues through a longitudinal study, *Journal of Retailing*, 76(2), 139-173.

Dabholkar, P. A., Thorpe, D. I. and Rentz, J. O. (1996), A Measure of Service Quality for Retail Stores, *Journal of the Academy of Marketing Science*, 24(Winter), 3-16.

Dagger, T. S. and Sweeney, J. C. (2006), The Effect of Service Evaluations on Behavioral Intentions and Quality of Life, *Journal of Service Research*, 9(1), 3-18.

Fornell, C. and Larcker, D. F. (1981), Evaluating structural equation models with unobservable variables and measurement error, *Journal of Marketing Research*, 18(1), 39-50.

Frazier, P. A., Tix, A. P. and Barron, K. E. (2004), Testing moderator and mediator effects in counseling psychology research, *Journal of Counseling Psychology*, 51, 115-134.

Fullerton, G. (2003), When does commitment lead to loyalty?, *Journal of service research*, 5(4), 333-344.

Fullerton, G. (2005), How commitment both enables and undermines marketing relationships, *European Journal of Marketing*, 39(11/12), 1372-1388.

Fullerton, G. (2011), Creating advocates: The roles of satisfaction, trust and commitment, *Journal of Retailing and Consumer Services*, 18(1), 92-100.

Gefen, D., Rigdon, E. E. and Straub, D.W. (2011), Editor's comment: an update and extension to SEM guidelines for administrative and social science research, *MIS Quarterly,* 35(2), iii-xiv.

Gefen, D., Straub, D. W. and Boudreau, M. C. (2000), Structural Equation Modeling And Regression: Guidelines for research practice, *Communications of the*

Association for Information Systems, 4(7), 1-77.

Geyskens, I., Steenkamp, J.-B.E.M., Scheer, L.K. and Kumar, N. (1996), The effects of trust and interdependence on relationship commitment: a trans-Atlantic study, *International Journal of Research in Marketing*, 13(4), 303-317.

Grönroos, C. (1982), An applied service marketing theory, *European journal of marketing,* 16(7), 30-41.

Grönroos, C. (1984), A Service Quality Model and Its Marketing Implication, *European Journal of Marketing*, 18(4), 36-44.

Grönroos, C. (1988), New Competition in the Service Economy: The Five Rules of Service, *International Journal of Operations & Production Management*, 8 (3), 9-19.

Gundlach, G.T., Achrol, R.S. and Mentzer, J.T. (1995), The structure of commitment in exchange, *Journal of Marketing*, 59(1), 78-92.

Ha, J. and Jang, S. (2010), Perceived values, satisfaction, and behavioral intentions: the role of familiarity in Korean restaurants, *International Journal of Hospitality Management*, 29(1), 2-13.

Hair, J., Ringle, C. M., and Sarstedt, M. (2011). PLS-SEM: Indeed a Silver Bullet, *Journal of Marketing Theory and Practice*, 19(2), 139-151.

Hair, J., Rolph, A., Ronald, T. and William, B. (1998), Multivariate Data Analysis, *London: Prentice Hall International.*

Harjit, S. S., Dima Al-Eisawi, Sanjit, K. R. and Adrian, P. (2015), Service excellence in UK retail banking: customers' perspectives of the important antecedents, *International Journal of Bank Marketing*, 33(7), 904–921.

Hsieh, Y.C. and Hiang, S.T. (2004), A study of the impacts of service quality on relationship quality in search-experience-credence services, *Total Quality Management & Business Excellence*, 15(1), 43-58.

Johnson, M.D., Gustafsson, A., Andreassen, T.W., Lervik, L. and Cha, J. (2001), The evolution and future of national customer satisfaction index models, *Journal of*

Economic Psychology, 22(2), 217-245.

Kashyap, R., & Iyer, E. S. (2009), Not everybody wants to save the world, *Journal of Financial Services Marketing*, 14(2), 118-134.

Keh, H.T. and Xie, Y. (2009), Corporate reputation and customer behavioral intentions: the roles of trust, identification and commitment, *Industrial Marketing Management*, 38(7), 732-742.

Lam, S. K., Ahearne, M., Ye Hu and Schillewaert, N. (2010), Resistance to Brand Switching When a Radically New Brand Is Introduced: A Social Identity Theory Perspective, *Journal of Marketing*, 74, 128-146.

Lam, S. Y., Shankar, V., Erramilli, M.K. and Murthy, B. (2004), Customer value, satisfaction, loyalty, and switching costs: an illustration from a business-to-business service context, *Journal of the Academy of Marketing Science*, 32(3), 293-311.

Legg, D. and Baker, J. (1996), Perceptions of services, *Journal of Retailing and Consumer Services*, 3(4), 195–212.

Madden, T. J., Pamela, S. E. and Icek, A. (1992), A comparison of the theory of planned behavior and the theory of reasoned action, *Personality and social psychology Bulletin,* 18(1), 3-9.

Mandhachitara, R. and Poolthong, Y. (2011), A model of customer loyalty and corporate social responsibility, *Journal of Services Marketing*, 25(2), 122-133.

Matthias, R., Tobias, S., Peter, M. and Pekka, P. (2015), Drivers of long-term savings behavior from the consumers' perspective, *International Journal of Bank Marketing*, 33(7), 922-943.

McDougall, G. H. G. and Levesque, T. (1996), Determinants of customer satisfaction in retail banking, *International Journal of Bank Marketing*, pp. 14(7), 12-20.

Nirmalya, B. (2015), Classification of service quality attributes using Kano's model, *International Journal of Bank Marketing*, 33(4), 457-470.

Nunnally, J. C. and Bernstein, I.H. (1994), Psychometric Theory, *New York:*

McGraw-Hill.

Oliver, R. L. (1977), Effect of expectation and disconfirmation on postexposure product evaluations: An alternative interpretation, *Journal of applied psychology,* 62(4), 480-486.

Oliver, R. L. (1980), A Cognitive Model of the Antecedents and Consequences of Satisfaction Decisions, *Journal of Marketing Research*, 17(4), 460-469.

Omar, S. I. and Aniefre, E. I. (2015), The effects of empathy and listening of salespeople on relationship quality in the retail banking industry, *International Journal of Bank Marketing*, 33(6), 692-716.

Parasuraman, A., Zeithaml V. A. and Berry, L. L. (1985), A Conceptual Model of Service Quality and Its Implications for Future Research, *Journal of Marketing*, 49(4), 41-50.

Parasuraman, A., Zeithaml V. A. and Berry, L. L. (1988), SERVQUAL: A Multiple-Item Scale for Measuring Consumer Perceptions of Service Quality, *Journal of Retailing*, 64(Spring), 12-40.

Park, K. B. and Park, M. J. (2017), Does the interactive quality of premium asset management service promote customer's referral intention? The moderating effect of customer's asset size, *International Journal of Bank Marketing*, 35(4), (Accepted and Forthcoming)

Patterson, P. G. and Spreng, R. A. (1997), Modelling the relationship between perceived value, satisfaction and repurchase intentions in a business-to-business, services context: an empirical examination, *International Journal of service Industry management*, 8(5), 414-434.

Pollack, B. L. (2009), Linking the hierarchical service quality model to customer satisfaction and loyalty, *Journal of Services Marketing,* 23(1), 42-50.

Raj G. Javalgi, R. and Moberg, C. R. (1997), Service loyalty: implications for service providers, *Journal of services marketing*, 11(3), 165-179.

Rust, R. T., Lemon, K. N. and Zeithaml, V. A. (2004), Return on marketing: Using customer equity to focus marketing strategy, *Journal of Marketing*, 68(1), 109-127.

Rust, R. T. and Oliver, R. L. (1994), Service Quality: Insights and Managerial Implications from the Frontier in Service Quality: New Directions in Theory and Practice, *Roland T. Rust and Richard L. Oliver (Eds.), Thousand Oaks, CA: Sage Publications*, 1-19.

Schreiber, J. B., Nora, A., Stage, F. K., Barlow, E. A. and King, J. (2006), Reporting Structural Equation Modeling and Confirmatory Factor Analysis Results: A Review, *Journal of Educational Research*, 99(6), 323-337.

Shalom, L. and Hayiel, H. (2016), Emotional brand attachment: a factor in customer-bank relationships, *International Journal of Bank Marketing*, 34(2), 136-150.

Sharma, N., Young, L. and Wilkinson, I. (2006), The commitment mix: dimensions of commitment in international trading relationships in India, *Journal of International Marketing*, 14(3), 64-91.

Sirdeshmukh, D., Singh, J. and Sabol, B. (2002), Consumer Trust, Value, and Loyalty in Relational Exchanges, *Journal of Marketing*, 66(1), 15-37.

Söderlund, M. (2006), Measuring customer loyalty with multi-item scales: a case for caution, *International Journal of Service Industry Management*, 17(1), 76-98.

Stratman, J.K. and Roth, A. V. (2002), Enterprise resource planning (ERP) competence constructs: two-stage multi-item scale development and validation, *Decision Sciences*, 33, 601.

Tes, K. and Wilton, C. (1988), Models of consumer satisfaction formation, *Journal of Marketing*, 2, 204-212.

Terrence, L. and Gordon H.G. McDougall. (1996), Determinants of customer satisfaction in retail banking, *International Journal of Bank Marketing*, 14(7), 12-20.

Veljko, M. and Vladimir, O. (2015), Customers' emotional reactions in the banking industry, *International Journal of Bank Marketing*, 33(3), 243-260.

Vinita, K. Ch. S., Durga, P. and Sourabh, S. (2015), Service quality, service convenience, price and fairness, customer loyalty, and the mediating role of customer satisfaction, *International Journal of Bank Marketing,* 33(4), 404-422.

Vogel, V., Evanschitzky, H. and Ramaseshan, B. (2008), Customer equity drivers and future sales, *Journal of Marketing*, 72(6), 98-108.

Wells, A. and Matthews, G. (1996), Modelling cognition in emotional disorder: The S-REF model, *Behaviour Research and Therapy*, 34(11-12), 881-888.

Westbrook, R. A. and Reilly, M. D. (1983), Value-percept disparity: an alternative to the disconfirmation of expectations theory of consumer satisfaction, *Advances in Consumer Research*, 10(1), 256-261.

Www.wiley.com/finance (2006), Global Private Banking and Wealth Management

Yang, Z. and Peterson, R.T. (2004), Customer perceived value, satisfaction, and loyalty: the role of switching costs, *Psychology and Marketing*, 21(10), 799-822

Zhao N. and Park, S. K. (2011), The Effects of Service Quality on Customer Satisfaction, Relationship Quality and Behavioral Intention according to difference of Gender in the Chinese Banking Industries, *International Business Review*, 15(1), 77-98.

Zhaohua, D., Yaobin, L., Kwok Kee Weib and Jinlong Zhanga (2010), Understanding customer satisfaction and loyalty: An empirical study of mobile instant messages in China, *International Journal of Information Management,* 30(4), 289-300.

▣ 부록

설 문 지

안녕하십니까?

본 연구팀에서는 은행의 PB고객을 대상으로 자산관리 서비스 품질 현황과 고객 만족 및 충성도를 조사하여 금융 서비스 품질을 향상시키고, 자산관리 시장의 적극적인 발전 방향을 모색하고자 본 설문조사를 실시하게 되었습니다. 이에 은행 PB센터를 이용하고 계신 귀하의 소중하고 진솔한 의견을 부탁드립니다.

귀하의 설문정보는 본 연구를 위한 유용한 자료로 활용될 것이며, 그 외에 어떤 용도로도 사용되지 않을 것임을 약속드립니다. 또한 응답내용은 모두 무기명으로 처리됩니다.

바쁘시겠지만 국내 자산관리 분야의 발전을 위해 성심껏 응답해 주시기 바랍니다. 귀중한 시간을 내어 주셔서 감사드리며, 건승을 기원합니다.

20XX년 X월

서울과학종합대학원 박사과정 박규배

서울과학종합대학원 교　　수 ０００

귀하의 의견과 가장 일치하는 번호를 선택해 체크 표시(√)를 해 주시기 바랍니다.

■ 다음 문항은 귀하가 이용하고 있는 **은행 PB센터의 자산관리 서비스 품질**에 관한 질문입니다.

설 문 문 항	전혀 아니다 / 보통 이다 / 매우 그렇다
1. 담당 PB팀장은 금융상품 및 자산배분에 대해 충분한 지식을 갖고 있다.	①--②--③--④--⑤
2. 담당 PB팀장은 국내외 경제·금융시장 동향에 대해 충분한 지식을 갖고 있다.	①--②--③--④--⑤
3. 담당 PB팀장은 자산관리관련 법이나 제도(부동산, 세무, 증권 등)에 대해 많은 지식을 갖고 있다.	①--②--③--④--⑤
4. 담당 PB팀장은 업무를 능숙하고 정확하게 처리해 준다.	①--②--③--④--⑤
5. 담당 PB팀장은 자신의 일처럼 나의 입장에서 업무를 처리해 준다.	①--②--③--④--⑤
6. 담당 PB팀장은 나의 작은 일에도 세심한 관심을 보여준다.	①--②--③--④--⑤
7. 담당 PB팀장은 나에게 기꺼이 도움을 주고자 노력한다.	①--②--③--④--⑤
8. 담당 PB팀장은 금융시장 상황이 좋지 않다고 판단하면 나에게 투자성 금융상품을 현금(예금)으로 전환하여 보유하기를 추천한다.	①--②--③--④--⑤
9. 담당 PB팀장은 귀 기울여 세심하게 경청하는 태도를 가졌다.	①--②--③--④--⑤
10. 담당 PB팀장은 모든 사항을 잘 이해하고 문제를 해결하는 태도를 가졌다.	①--②--③--④--⑤
11. 담당 PB팀장은 적절한 용어로 쉽고 조리 있게 설명한다.	①--②--③--④--⑤
12. 담당 PB팀장은 업무에 착오가 있거나 불만사항이 발생하면 즉각적으로 신속하게 처리해 준다.	①--②--③--④--⑤
13. 현재 내가 거래하는 PB센터에 가입하거나 가입했던 금융상품의 수익률은 기대수준과 비교할 때 양호하다.	①--②--③--④--⑤
14. 현재 내가 거래하는 PB센터에서 송금, 환전, 투자성 금융상품 가입 등 다양한 업무를 처리하는 과정에서 발생하는 수수료 수준은 기대수준과 비교할 때 양호하다.	①--②--③--④--⑤
15. 현재 내가 거래하는 PB센터가 제공하는 국내외 금융시장 및 금융상품 정보는 자금 관리에 유용하다.	①--②--③--④--⑤
16. 현재 내가 거래하는 PB센터가 제공하는 세무, 부동산 상담 등 자산관리 관련 기타 서비스는 유용하다.	①--②--③--④--⑤
17. 현재 내가 거래하는 PB센터는 위치나 주차환경 등 접근성이 양호하다.	①--②--③--④--⑤
18. 현재 내가 거래하는 PB센터의 내부시설과 분위기는 업무내용과 잘 조화되는 인테리어를 갖추고 있다.	①--②--③--④--⑤

설문문항	전혀 아니다 　보통 이다 　매우 그렇다
19. 현재 내가 거래하는 PB센터 내 체계화된 고객관리 지원 시스템과 인프라는 양호하다.	①--②--③--④--⑤
20. 자산관리 전반에 걸친 궁금증이나 문제해결은 은행 홈페이지를 방문하거나 담당 PB팀장과의 전화 통화 등으로 쉽게 해소할 수 있다.	①--②--③--④--⑤
21. 나의 금융자산관리를 위해 담당 PB팀장의 학력은 중요하다.	①--②--③--④--⑤
22. 나의 금융자산관리를 위해 담당 PB팀장의 경력은 중요하다.	①--②--③--④--⑤
23. 나의 금융자산관리를 위해 담당 PB팀장의 자산관리 관련 자격증 보유는 중요하다.	①--②--③--④--⑤
24. 나의 금융자산관리를 위해 담당 PB팀장에 대한 나의 선택권 또는 교체권은 중요하다.	①--②--③--④--⑤

■ 다음 문항은 귀하가 이용하는 **은행 PB센터에 대한 만족도 및 충성도**에 관한 질문입니다.

설문문항	전혀 아니다 　보통 이다 　매우 그렇다
1. 나는 현재 거래하는 PB센터에 대해 전반적으로 만족한다.	①--②--③--④--⑤
2. 현재 거래하는 PB센터는 나에게 매우 유익하다.	①--②--③--④--⑤
3. 현재 거래하는 PB센터의 서비스는 나의 기대를 충족시키고 있다.	①--②--③--④--⑤
4. 다른 은행에 비해 현재 거래하는 PB센터가 더 만족스럽다.	①--②--③--④--⑤
5. 나는 현재 거래하는 PB센터를 계속 이용할 예정이다.	①--②--③--④--⑤
6. 나는 현재 거래하는 금융회사들 중에서 본 PB센터와의 거래 비중을 늘려갈 의향이 있다.	①--②--③--④--⑤
7. 나는 다른 은행이 더 낮은 수수료를 제시하더라도 본 PB센터를 이용할 것이다.	①--②--③--④--⑤
8. 나는 다른 은행이 더 높은 수익률을 제시하더라도 본 PB센터를 이용할 것이다.	①--②--③--④--⑤
9. 주위 사람들에게 본 PB센터를 이용하도록 권유하고 싶다.	①--②--③--④--⑤
10. 주위 사람들에게 본 PB센터에 대해 긍정적으로 이야기하겠다.	①--②--③--④--⑤
11. 자산관리 전담 은행을 추천해 달라는 주위 사람들에게 본 PB센터를 추천하고 싶다.	①--②--③--④--⑤
12. 현재 자산관리를 받고 있는 본 PB센터를 주위 사람들에게 자주 이야기 한다(할 것이다).	①--②--③--④--⑤

■ 다음은 귀하의 간단한 인적 사항과 관련된 질문입니다.

1. 귀하의 **성별**은? ① 남 ② 여

2. 귀하의 **연령**은?
① 30세 미만 ② 30~39세 ③ 40~49세 ④ 50~59세 ⑤ 60세 이상

3. 귀하가 이 은행 **PB센터를 이용해 온 기간**은?
① 1년미만 ② 1년~3년미만 ③ 3년~5년미만 ④ 5년~10년미만 ⑤ 10년이상

4-1. 현재 이 은행의 **담당 PB팀장이 귀하를 전담해 온 기간**은?
① 1년미만 ② 1년이상~2년미만 ③ 2년이상~3년미만
④ 3년이상~5년미만 ⑤ 5년이상

4-2. **PB고객에 대한 PB팀장의 전담기간으로 적정**하다고 생각되는 것은?
① 1년미만 ② 1년이상~3년미만 ③ 3년이상~5년미만
④ 5년이상~10년미만 ⑤ 10년이상

5. 귀하의 이 은행 **예치자산 규모**는?
① 1억원~3억원 미만 ② 3억원이상~5억원미만
③ 5억원이상~10억원미만 ④ 10억원이상~30억원미만 ⑤ 30억원이상

6. 귀하는 **다른 은행에도 전담 PB팀장**이 있는가?
① 예 ② 아니오

*** 응답해 주셔서 대단히 감사합니다 ***

트리플 위닝으로 가는 자산관리

2017년 5월 24일 | 초판 인쇄
2017년 5월 29일 | 초판 발행

지 은 이 | 박규배
발 행 인 | 김은중
발 행 처 | 서울경제경영출판사
북디자인 | (주)우일미디어디지텍

주 소 | 03767 서울특별시 서대문구 신촌로 205, 506호
전 화 | 02)313-2682
팩 스 | 02)313-8860

등 록 | 1998년 1월 22일 제5-63호

ISBN 978-89-97937-64-6 93320 정가 12,000원